Daxuesheng Chuangxin Chuangye Zhidao

大学生创新创业指导

主　编　蔡松伯　王东晖　王小方

副主编　吴　非　朱　李　晏华英　梅　园

李剑虹

参　编　施　倩　陈荟颖　王琪琳　徐淇鑫

周　淘　林　琳　王　梅　周　淼

韩　霜　周群英　张　蕾　王雪琴

西南财经大学出版社

中国·成都

图书在版编目(CIP)数据

大学生创新创业指导/蔡松伯,王东晖,王小方主编.—成都:西南财经大学出版社,2016.7(2020.7 重印)
ISBN 978-7-5504-2532-3

Ⅰ.①大… Ⅱ.①蔡…②王…③王… Ⅲ.①大学生—职业选择
Ⅳ.①G647.38

中国版本图书馆 CIP 数据核字(2016)第 169063 号

大学生创新创业指导

主　编:蔡松伯　王东晖　王小方
副主编:吴　非　朱　李　晏华英　梅　园　李剑虹

责任编辑:李　才
封面设计:张姗姗
责任印制:朱曼丽

出版发行	西南财经大学出版社(四川省成都市光华村街 55 号)
网　　址	http://www.bookcj.com
电子邮件	bookcj@foxmail.com
邮政编码	610074
电　　话	028-87353785
印　　刷	郫县犀浦印刷厂
成品尺寸	185mm×260mm
印　　张	11.5
字　　数	240 千字
版　　次	2016 年 8 月第 1 版
印　　次	2020 年 7 月第 5 次印刷
印　　数	23501—30100 册
书　　号	ISBN 978-7-5504-2532-3
定　　价	26.00 元

Foreword 前言

当今社会科学技术突飞猛进，知识更新的速度日益加快，科技成果商品化、产业化的周期越来越短。社会经济领域日新月异的背后，都有一个共同的因素在起着重要的推动作用：创新。当前，世界新一轮科技革命和产业变革正在孕育兴起，以科技创新、产业创新、商业模式创新、管理创新为主要内容的世界创新浪潮风起云涌，成为推动人类进步和世界经济增长的重要引擎。

人才是推动创新的决定因素和重要支撑，而人才的培育和成长摇篮在高校。因此，党和国家高度重视大学生创新创业和管理工作，要求采取切实措施，以创业带动就业。近年来，各高校在加强大学生创新创业与管理教育、指导、服务和开展大学生创新创业与管理实践等方面做了大量工作，也取得了一定的成效，但这些还远远不够，需要我们挖掘的潜力和空间还十分巨大。

基于此，编者在《大学生创新创业与管理攻略》（主编：蔡松伯、王东晖、吴非；2015 年 9 月出版）的基础上，结合自己多年的教学经验，编写了本书。力求让大学生在高校通过系统学习、严格训练、强化提高，在思想认识、观念理念、行为举措等方面取得创新突破，使创新和创业意识增强、观念更新、措施得当、效果明显，从而充分提升大学生综合素质，切实培养和锻炼大学生的创新意识。本书主体分为三大部分：创新和创新能力、创业和创业能力、管理和管理能力。每章节以概念性知识介绍为开端，让大学生认识和掌握知识点的基本情况；然后以课堂活动和课后思考实践等知识点来使大学生得到充分学习和锻炼。

在本书的编写过程中借鉴、参考了大量创新创业与管理方面的文献资料和近几年出版的大学生创新创业方面的出版物，在此，对这些文献资料的作者表示衷心感谢。由于编者水平有限，书中难免有错漏不妥之处，敬请读者批评指正。

编　者

2016 年春

Contents 目录

第一章 树立创新意识

创新是一个民族进步的灵魂，是一个国家兴旺发达的不竭动力。当今世界的竞争，归根到底是综合国力的竞争，实质则是知识总量、人才素质和科技质量的竞争。创新是淘汰旧的东西、创造新的东西。它是一切事物向前发展的根本动力，是事物内部新的进步因素通过矛盾斗争战胜旧的落后的因素，最终发展成为新事物的过程。因此，当代大学生应该加强创新意识的培养，为建设创新型国家做出贡献。

通过本章学习，你将能够：

1. 掌握创新的内涵和原则；
2. 认识创新的目的和意义；
3. 学会如何确立创新意识；
4. 评估自己的创新意识水平。

第一节 创新概述

一、创新的含义

距离已经消失，要么创新，要么死亡。

——托马斯·彼得斯

什么叫创新？《伊索寓言》里的一个小故事给我们一个形象的解释。

一个暴风雨的日子，有一个穷人到富人家讨饭。

“滚开！”仆人说，“不要来打搅我们。”

穷人说：“只要让我进去，在你们的火炉上烤干衣服就行了。”仆人以为这不需要花费什么，就让他进去了。

这个可怜人，请求厨娘给他一个小锅，以便他“煮点石头汤喝”。

“石头汤？”厨娘说，“我想看看你怎样能用石头做成汤。”于是她就答应了。穷人于是到路上拣了块石头洗净后放在锅里煮。

“可是，你总得放点盐吧。”厨娘说，她给他一些盐，后来又给了豌豆、薄荷、香菜。最后，她又把能够收拾到的碎肉末都放在汤里。

想必你能猜到，这个可怜人后来把石头捞出来扔在路上，美美地喝了一锅肉汤。

如果这个穷人对仆人说：“行行好吧！请给我一锅肉汤。”会得到什么结果呢？结果不言而喻。这就是创新思维的力量！因此，伊索在故事结尾处总结道：“坚持下去，方法正确，你就能成功。”

“创新”一词起源于拉丁语。它有三层含义：其一，更新；其二，创造新的东西；其三，改变。根据《汉语大辞典》的解释，“创新”有“创立或创造新的”之义。从词源上分析，“创”主要指破坏，是开始“做”，“新”是刚获得、刚出现的，与“旧”对应，侧重指事物在性质上改变得更好，是没有使用过的。二者联系起来，则主要指抛弃旧事物、创造新事物，具有鲜明的创造特征。

随着时间的推移和社会与文化的变迁，“创新”的含义被赋予了不同的诠释。尽管时代的烙印使其发生了改变，但万变不离其宗。从一般含义上来说，创新是淘汰旧的东西，创造新的东西。它是一切事物向前发展的根本动力，是事物内部新的进步因素通过矛盾斗争战胜旧的落后的因素，最终发展成为新事物的过程。现在人们所讲的各种创新，是指对原有事物进行改革或改造，即革除原有事物中不合理和不合规律、阻碍其发展的各种因素，促进事物向好的方向发展。

二、创新的分类

从不同的角度看，创新有以下几种分类方法：

（1）按照创新的规模和影响程度，可将其划分为局部创新与整体创新。

（2）按照创新与环境的关系，可将其划分为防御性创新和攻击性创新。

（3）按照组织系统组建的过程，可将其划分为系统初建期的创新和运行中的创新。

（4）按照创新的组织形式，可将其划分为自发创新和有组织的创新。

三、创新的特征

创新活动具有以下几个主要的特征：

（一）创造性

创新是创造性的思想观念及其实践活动。创新活动及其成果是创造性的劳动及其结晶，是前人或别人没能认识、做到或没能更好利用的；即使是同类活动及其成果，创新也意味着有质的改进和提高或实现了更好利用。创新者应解放思想，开拓进取，勇于变革和革新，勇于从事创造性的思维及其实践活动。

（二）高风险性

创新活动的创造性也决定它具有风险性。实践证明，创新是否成功以及在多大程度上获得成功，存在着高度的不确定性，因而具有高风险性。从总体上讲，获得成功并收到预期效果的创新，往往不是多数而是少数，甚至是极少数。创新一旦失败，不仅创新过程的大量投入无法收回，而且会错过发展机会，损害企业的市场竞争能力。在企业里，创新的风险主要有市场风险和技术风险。市场风险表现在很难把握市场需要的基本特征并将这些特征融入创新过程，因而创新的决策和最终结果很难说能否为用户所接受、为市场所欢迎，能否超越竞争对手。技术风险表现在能否克服研究开发、商品化过程的技术难题和高成本问题，因而存在技术上能否成功的不确定性。同时，创新也存在管理上的风险。当然，创新充满风险并不是说它比守旧的风险还大。因循守旧、故步自封存在着使组织萎缩甚至被淘汰的风险，因此，只有创新，组织才有希望、才有生机和活力。认识创新的高风险，充分考虑到创新成功的不确定性，其目的是要采取多方面的措施减少风险，增大创新的成功率，这是管理的创新职能所在。

（三）高效益性

创新一旦成功，就能获得极高的甚至是意料不到的效益。创新的风险高，但效益更高，创新的高效益性和高风险性呈正相关关系。从总体上讲，创新获得的效率和效益（经济效益、社会效益、生态效益）要大于创新的投入和风险造成的损失。企业的创新不仅使企业在市场上具有竞争优势，而且使它有可能在一定范围、一定时间、一定程度上处于垄断地位，获得超额收益。当然，这种地位会随技术的扩散或更高水平的创新出现而丧失。具有远见卓识的管理者总是追求不断创新。

（四）系统性

创新的系统性主要表现在：从创新的过程看，创新是涉及战略、市场调查、预测、决策、研究开发、设计、安装、调试、生产、管理、营销等一系列过程的系统活动。这一系统活动是一个完整的链条，其中任何一个环节出现失误都会影响企业的创新效果。从创新的影响因素看，创新活动受技术、经济、社会等诸多外部因素的影响。在企业内部，与经营过程息息相关的经营思想、管理体制、组织结构的状况也会影响企业的创新效果。从创新的参与人员看，创新是由许多人共同努力的结果，需要众多部门和人员的相互协调和相互作用，以产出系统的协同效应，使创新达到预期的目的。

（五）动态性

事物是发展变化的，不仅组织的外部环境和内部条件在不断发生变化，而且组织的创新能力也要不断积累、不断提高，决定创新能力的创新要素也都在进行动态调整。从企业间的竞争来看，随着企业创新的扩散，企业的竞争优势将会消失，这就需要不断推动新的一轮又一轮的创新，不断确立企业的竞争优势。因此，创新不是静止的，而是动态的。不同时期组织的创新内容、方式、水平是不同的。从组织发展的总趋势看，前一时期低水平的创新，总是要被后一个时期高水平的创新所替代。创新活动的不断开展和创新水平的不断提高，正是推动组织发展的动力。

（六）时机性

创新的时机性是指创新的机会往往存在于一定的时间范围内。如果人们能正确认识客观存在的时机，抓住并充分利用时机，就有可能获得创新的成功；相反，如果人们错过时机，创新活动就会前功尽弃。由于消费者的偏好不同并处于不断的变化中，同时社会的整体技术水平也在不断提高，创新的时机在不同方向上不同，甚至在同一方向也随着阶段性的不同而不同。而且由于创新成果的确认和保护与时间密切相关，人们只能承认和保护那些在第一时间获得确认并以专利形式表现出来的创新成果。创新的时机性特征，决定了创新者在进行创新决策时必须根据市场变化趋势、社会技术水平和专利信息状况等进行方向选择，识别该方向的创新所处的阶段，选准切入点，抢先获得创新成果。

四、创新的作用

（一）创新是企业改善市场环境的重要手段

首先，通过产品创新可以改善现有市场条件。因为，产品创新能加速新技术、新工艺、新材料在产品生产中的应用，能提高产品质量，更好地满足消费者的需要，从而提高产品在市场上的竞争力，改变用户对企业产品的看法。其次，通过创新可以形成新的市场，使企业在更广阔的市场中进行选择，因为，如果企业的创新成果能满足消费者需要，就会给企业带来新的用户。最后，若企业创新的成果是首次进入新的市场领域，它将具有领先者的优势，一定程度上决定着市场规模和产品价格。

（二）创新是企业生存和发展的基础

现代企业始终处在一个动态、多变、竞争激烈的环境下，要想生存和发展，且要生存和发展得好，就必须改革、创新。因为社会在发展，科技在进步，产品在更新，只有创新才能赶上时代的潮流，站到科技领域的前沿，才能占领市场。

（三）创新是企业实现持续发展的重要源泉

企业持续发展是指企业不仅能在特定的条件下实现发展，而且能在变化的条件下发展；不仅在短期内实现发展，而且能在较长的时间内实现发展。

（四）创新是企业提升素质和提高经济效益的根本途径

通过技术创新，可以改善研制条件，提高研制能力，提高企业的基本素质，从而改进产品或设计，开发或推广新技术、新工艺，加速新工艺在企业中的应用，降低成本，提高生产效率；通过管理创新和组织创新，可以改善企业管理，完善企业组织，重塑企业市场形象，开发企业创新人才等，从而提升企业行为素质，提高企业适应市场的能力和工作效率，全面提高企业经济效益。

（五）创新是提高企业竞争力的有效方式

企业要发展，必须面对激烈的市场竞争，而要想在市场竞争中占有一席之地，必须从知识经济的要求出发，从市场环境的变化出发，不断调整自己的经营发展战略，在调整过程中不断进行创新。企业只有通过技术、管理、制度、市场、观念、战略等诸方面的创造和创新，才能适应市场运行的法则——优胜劣汰，在市场竞争中占据主动，成为竞争的优胜者。

（六）创新可以利用剩余生产能力，产生联动效应

企业由卖方市场转向买方市场，中国经济整体上呈现出供大于求的情况，不少企业的生产能力过剩，企业资源利用率低。但如果能开动脑筋，积极开拓，结合实际，深入了解市场，在技术上和市场经营上大胆创新，就有可能充分利用现有剩余

的生产能力，生产出满足消费者需要的新产品，获得社会效益和企业效益。同时，一种产品尤其是新产品成功进入市场后，随着该产品销售量的增加，其他相关产品的销售量也会随之增加，这就是创新的联动效应。

【案例分析】

创新思维

日本的兵库县有一个丹波村，交通很不方便，村子很穷，没什么特产。为使村子富起来，村人请了很有经验的井坂弘毅先生来做顾问。井坂先生考虑：要使这个村子富起来，就得想办法使之“商品化”，可是这里有什么东西可卖呢？井坂先生绞尽脑汁，突然灵机一动：如今在物质文明中生活的现代人，厌倦了城市的喧嚣，对“原始”生活自有尝试的兴趣，因而说服村里人在树上筑屋而居。

很快，新闻传开了。不少城市人争相涌入这个小村，为的是体验另一种生活方式。

随着观光人数的增加，丹波村的收入大大增加。他们盖起了漂亮的餐厅、旅馆，公路也铺好了，汽车可以直达村前。然而，来旅游的人反而日渐减少。因为这里曾经吸引人的是极不方便的原始生活方式，而现在却什么都有了，与城市没什么两样，城市人还来这里干什么呢？

然而，出售“原始”已经使丹波人走向现代，改变了落后面貌。

辩证唯物主义认为，创造性思维就是以科学理论为指导，面对实际，敢于提出新问题、解决新问题，创造性思维的一个重要表现就是要敢于打破常规，进行逆向思维。

思考：如果你是一名大学生村干部，可以通过什么方法带领村民走上致富的道路呢？

【课堂活动】

内容：打破思维定式。

目的：通过小游戏，让同学打破思维定式。

要求：现在请12位同学上来做一个小游戏。这12个同学平均分为两队，要把放在地上的两个钥匙扣捡起来，再把钥匙扣从队首传到队尾。游戏规则是必须按照顺序，并使钥匙扣接触到每个同学的手。现在两队比赛看看，哪一队能在最短的时间内完成这一游戏，赢了的那一组可以获得一份神秘的奖品。

思路：最快的方法是抛开传递的方式，把两个钥匙扣扣在一起，把手扣成圆筒状，叠在一起，形成一个通道，让钥匙扣像自由落体一样地从上落下来，即按了顺序，同时也接触了每个人的手。

【课后思考实践】

1. 一个食品店一次接到一个刁钻古怪的顾客的订货单。订货单上面写道："定做九块蛋糕，但要装在四个盒子里，而且每个盒子里至少要装三块蛋糕。"这位顾客傲慢地说："贵店不是以讲信誉闻名远近吗？如果连这点小事都办不了，今后还是把招牌砸掉算了！"

如果你是食品店的店员，你能想出办法来吗？

2. 开关与灯的配对

有两间房，一间房里有三盏灯，另一间房有控制这三盏灯的三个开关（这两间房是分割开的，毫无联系）。

现在要你分别进入这两间房各一次，然后判断这三盏灯分别由哪个开关控制的。（注意每间房只能进入一次，三盏灯均为白炽灯泡）你是如何做到的呢？

第二节　确立创新意识

一、创新意识的含义

创新意识是指人们根据社会和个体生活发展的需要，引发创造前所未有的事物或观念的动机，并在创造活动中表现出的意向、愿望和设想。它是人类意识活动中的一种积极的、富有成果性的表现形式，是人们进行创造活动的出发点和内在动力。它是创造性思维和创造力的前提。

创新意识始于积极思维，始于提问。因此，培养大学生创新意识要注重以下几个方面：

（1）注重培养求知欲。学而创、创而学是创新的根本途径。青年要具备勤奋求知精神，不断地学习新知识，才能在自主创新中发挥生力军作用。

（2）注重培养好奇欲。将蒙昧时期的好奇心向求知时期的好奇心转化，这是坚持、发展好奇心的重要环节。要对自己接触到的现象保持旺盛的好奇心，要敢于在新奇的现象面前提出问题，不要怕提出的问题简单，不要怕被人耻笑。

（3）注重培养创造欲。不满足于现成的思想、观点、方法及物体的质量、功用，要经常思考如何在原有基础上创新发明、推陈出新，大脑里经常有"能否换个角度看问题？有没有更简捷有效的方法和途径"等问题浮现。

（4）注重培养质疑欲。学起于思，思源于疑。有疑问才能促使学生去思考，去探索，去创新。因此，要鼓励青年大胆质疑、提出多种解决问题的方案及最佳方法。从多角度培养青年的思维能力，激励青年创新。鼓励青年提问，大胆质疑，是培养青年创新意识的重要途径。提出问题是取得知识的先导，只有提出问题，才能解决问题，从而认识才能前进。一定要以锐不可当的开拓精神，树立和提高自己的自信心，既要尊重名人和权威，虚心学习他们的丰富知识经验，又要敢于超越他们，在他们已进行的创造性劳动的基础上再进行新的创造。

创新意识的培养是一种严肃、严密、严格的创造活动，要按客观规律办事；不能把创新意识培养简单化、表象化和庸俗化，不能降低创新精神的科学性和严肃性。大学生在培养创新意识的过程中一定要注意树立科学的创新理念，明确创新的真实含义，既要面对现状勇于创新，又要防止把创新当时髦，空谈误国，把创新当成没有实质性新内涵的新提法、新名词；既要着眼于解决现有手段不能解决的问题，又要着眼于用发展的眼光、发展的思维制定解决未来可能出现的新情况、新问题的措施。

风靡全国的桌上游戏《三国杀》，其创始人黄恺正是一位标准的大学生创业者。黄恺2004年考上中国传媒大学动画学院游戏设计专业，他在大学时期就开始“不务正业”，模仿国外桌游设计出了具有中国特色、符合国人娱乐风格的桌游《三国杀》。2006年10月，大二的黄恺开始在淘宝网上贩卖《三国杀》，没想到大受欢迎，而毕业后的黄恺并没有任何找工作的打算，而是借了5万元注册了一家公司，开始做起《三国杀》的生意，2009年6月底《三国杀》成为中国被移植至网游平台的一款桌上游戏，2010年《三国杀》正版桌游售出200多万套。粗略估计，《三国杀》迄今给黄恺带来了几千万元的收益，并且随着《三国杀》品牌的发展，收益还会继续增加。

大学生一定要注意把创新精神培养与科学求知态度结合起来，克服重创新的过程，轻创新的结果；克服重创新的数量，轻创新的质量；克服重一般的技术创造，轻科技含量高的、核心技术的创新的思想。与此同时，也要注意把创新精神培养与继承中华民族优秀传统文化紧密结合，“天行健，君子以自强不息。”大力弘扬以爱国主义为核心的民族精神和以改革创新为核心的时代精神，与时俱进，增强民族自信心和自豪感，增强自己培养创新意识的信心、勇气和能力。

二、创新意识的激发

创新意识作为一种复杂的心理活动，来源于想象力。可以说，想象力是创新的基础，没有想象力，就没有创造，善于创造就必须善于想象，特别是科学地想象。在人类历史发展的长河里，许多伟大的科学家、发明家、思想家和艺术家都具有丰富的想象力，许多伟大的科学理论和发明创造都萌芽于想象。

爱因斯坦认为，想象力比知识更重要。因为知识是有限的、相对固定的，而想象力是知识进化的源泉，是科学研究的动力。可以说，没有想象力，就没有创新；没有创新，就没有历史的进化和人类的进步。因此，激发创新意识，发挥想象力，是促进个人、企业乃至一个国家发展的必由之路。

激发创新意识，可以从身边做起，从我们已知的一切入手，如街边的路牌、途中的风景、吃饭的餐具、工作的桌椅，等等。很多人都有上网购物的习惯，这不仅是积累各方面知识及了解时下流行视觉趋势的好方法，无形中也丰富了我们的创意阅历，为借鉴创意打下了良好的基础。在工作中，当我们为找不出一个好的创意解决方案而挠头时，可以利用日常工作、生活中的所见所闻，从其中的一个点或者一个表现出发，借鉴其成功之处，拓宽创意思路，往往可以做出优质的创新设计。

【案例分析】

铁血网创始人——蒋磊

铁血网创始人蒋磊是典型的大学生创业者，16 岁保送清华，创办铁血军事网，20 岁再经保送硕博连读，中途退学创业。如今，铁血网稳居中国十大独立军事类网站榜首，铁血军品行也成为中国最大的军品类电子商务网站，年营收破亿元，利润破千万元。

时光倒回 2001 年，16 岁的蒋磊初入清华园，电脑还没有在这个普通宿舍出现，他只能去机房捣鼓他的网页，他想把自己喜欢的军事小说整合到自己的网页上，他的“虚拟军事”网页一发布，就吸引了大量用户，第二天就达到了上百的浏览量。蒋磊很兴奋。他把“虚拟军事”更名为“铁血军事网”。

2004 年 4 月，蒋磊和另一个创始人欧阳凑了十多万元，注册了铁血科技公司。期间蒋磊还被保送清华硕博连读学习了一阵。2006 年 1 月 1 日，蒋磊最终顶住了家庭以及学校的压力毅然决定辍学创业，以 CEO 的身份正式出现在铁血科技公司的办公室里。经过 12 年的努力，目前蒋磊的公司拥有员工 200 余人，他创办的网站已成为能够提供社区、电子商务、在线阅读、游戏等产品的综合平台。据透露，截至 2012 年 12 月，网站已有 1 000 万名注册会员，正处于稳步且高速的增长中。

三、培养大学生创新意识的途径

培养大学生创新意识的途径有很多种。唯物辩证法认为：外因是变化的条件，内因则是变化的根据，外因通过内因起作用。任何具体事物的运动、变化、发展都是内因和外因的统一。因此，探寻培养大学生创新意识的途径，需要内因与外因相结合。

第一，打破定势思维，培养怀疑精神。定势思维，又称为“习惯性思维”，是人们学习和实际生活过程中长期积累而形成的一种思维活动、经验教训和思维习惯，往往是个人经验思维、从众思维或权威思维。因为思维的定势会导致人们在实践中已有知识和经验的负迁移，没有新突破，因此，当代大学生要培养自身的创新意识和创新能力，就要打破墨守成规、千篇一律的定势思维，采取科学的、实事求是的态度对待定式思维，培养自己的批判性思维。美国科学学创始人默顿把怀疑精神概括为科学研究主体的“精神气质”。怀疑精神是指人类不迷信传统、权威，不相信终极真理存在，反对教条主义和权威主义的理性批判精神；是敢于向旧思想、旧理论挑战的一种实证精神和创新品质。学起于思，思源于疑。怀疑精神和批判思维是创新意识形成和发展的思想源泉。

第二，拓宽知识视野，完善智能结构。完善旳知识和能力结构与开阔的知识视野是大学生自主创新意识形成的根基，为大学生创新意识培养奠定深厚基础，也是创新型人才培养的直接动力与源泉。

第三，提高大学生的人文素质，有助于拓宽大学生的知识视野、完善知识和能力结构，也是大学生创新意识培养的一个重要组成部分。当代大学生的人文素质的培养虽然也备受关注，但是人文素质整体水平还有待于提升。人文素质应该包括文学素养、艺术修养、爱国主义精神、责任感、事业心、拼搏精神等方面，这些相关的课程可以加入学校的选修课系列中。高校要充分发挥网络、多媒体的作用，拓宽人文素质教育的空间；在课余时间，学生自己要主动多参加丰富多彩的课外人文素质教育活动，这些办法对于提高大学生的创新意识与能力的培养起着非常重要和不可忽视的作用。

【课堂活动】

内容：从多个角度思考问题。

目的：通过把问题放在不同的环境中进行思考，从多个角度思考问题，发现新的想法。

题目：报纸的用途。

要求：你能具体想象出多少种报纸的用途？越具体越多越好，请同学们试试看。

【课后思考实践】

举例说明你所熟知的创新小故事并说说你从中得到的启发。

第二章　激发创新思维

创新思维是指以新颖独创的方法解决问题的思维过程，通过这种思维能突破常规思维的界限，以超常规甚至反常规的方法、视角去思考问题，提出与众不同的解决方案，从而产生新颖的、独到的、有社会意义的思维成果。创新思维是人类创造力的核心和思维的最高级形式，是人类思维活动中最积极、最活跃和最富有成果的一种思维形式。人类社会的进步与发展离不开知识的增长与发展，而知识的增长与发展又是创新思维的结果。所以，创新思维比之上述思维的其他形式更能体现人的主观能动性。

通过本章学习，你将能够：

1. 掌握创新思维的定义；
2. 认识创新思维的特征；
3. 了解培养创新思维的意义；
4. 训练自己的创新思维。

第一节　创新思维

一、创新思维的含义

创新思维是指以新颖独创的方法解决问题的思维过程，通过这种思维能突破常规思维的界限，以超常规甚至反常规的方法、视角去思考问题，提出与众不同的解决方案，从而产生新颖的、独到的、有社会意义的思维成果。其本质在于将创新意识的感性愿望提升到理性的探索上，实现创新活动由感性认识到理性思考的飞跃。

二、创新思维的基本原理

（一）迁移原理

迁移原理分为原型启发、相似原理、移植原理三种类型。

1. 原型启发

原型启发是指根据自然界已存在的事物和现象的功能和结构，受到启发，产生新的思想、观念和技术。

锯子的发明：中国古代木匠鲁班发明的锯子就是典型的原型启发。一次，鲁班在爬山时，不小心被茅草划破了手，他观察发现茅草叶片边缘呈细齿状。于是，他受到叶片细齿产生锋利现象的启发，发明了木工用的锯子。鲁班也因此成为木匠的创始人。

充气轮胎的发明：英国医生邓禄普发现儿子在卵石上骑自行车，颠簸得很厉害。那时车胎还没有充气内胎，他一直担心儿子会受伤。后来他在花园中浇水，手里感到橡胶管的弹性，他从这里受到启发，便用水管制成了第一个充气轮胎。

2. 相似原理

相似就是根据两个相同或相近的事物，把其中一个事物的结构和原理应用到另一个事物上。

汽化器的发明：美国工程师杜里埃认为，为了保证内燃机有效地工作，必须使汽油和空气能均匀地混合，他一直在寻找解决这一问题的办法。当他看到妻子喷洒香水，便创造了汽化器，汽化器与喷雾器相似，这是相似原理的体现。

3. 移植原理

移植是指将某个领域的原理、方法、结构、用途等移植到另一个领域中去，从而产生新的事物和观念。它山之石，可以攻玉。移植原理就是把一个研究对象的概念、原理和方法等运用于其他研究之中。

英国医生黎斯特把这一原理直接移植到外科手术上，从而创造了手术消毒的新的工作方法，手术获得了极大的成功。依照两栖动物的生理特点，科学家发明了水陆两用交通工具。仿照人的手掌、手指，科学家又发明了挖土机。还有如剪刀、钳子、起子、木梳等，都是仿生移植的效应。

（二）组合原理

组合很容易导致创造发明，甚至也能导致重大的创造发明。例如，我们常见到的多用柜、两用笔、组合文具盒等，都体现出组合原理。

美国的“阿波罗”登月计划，可谓是当代最大型的发明创造结晶之一。然而，“阿波罗”计划的负责人曾直言不讳地讲过，“阿波罗”宇宙飞船的技术没有一项是新的突破，都是采用已有的技术。问题的关键在于按照系统学的原理使各部分既精确又协调地组合起来。

（三）分离原理

创造技法中的“减一减”的方法，就是基于这一原理产生的。它与组合原理是完全相反的另一个创造原理。例如，眼科专家把眼镜的镜架和镜片分离出来，发明了一种新型产品——隐形眼镜，从而缩短了镜片与眼球之间的距离，同时起到美容和矫正视力的双重作用。

（四）还原原理

还原原理是指把创新对象的最主要功能抽出来，集中研究实现该功能的手段和方法，从中选取最佳方案。通俗地讲，还原原理就是回到根本，抓住关键。例如，打火机的发明就是还原原理的具体运用，它把最主要的功能——发火抽象出来，把摩擦发火改为气体或液体燃烧，从而突破了现有火柴的框框，获得了一大进步。

（五）相反原理

相反原理是指在创造发明的过程中，当运用某种方法解决不了问题时，改用相反的方法。在发明创造中，有时遇到一个不能解决的难题往往需要迂回或从其反面或从其侧向途径，则能顺利地解决，这就是创造的相反原理。相反原理分为功能相反、结构相反、因果相反和状态相反四种类型。

1. 功能相反

功能相反是指从已有事物的相反功能去设想和寻求解决问题的新途径，从而实现创新的思维形式。如德国某造纸厂，因一工人的疏忽生产中少放了一种胶料，制成了大量不合格的纸张。肇事工人拼命想解救的办法，慌乱中把墨水洒在了桌子上，随即用那种纸来擦，结果墨水被吸得干干净净，“变废为宝”的念头在他的头脑中闪过，就这样这批纸当作吸墨水纸全部卖了出去。后来又有人做了个带把的架子，把吸墨水纸装在上面，一个吸墨器就诞生了。

2. 结构相反

结构相反是指从已有事物的相反结构形式，去设想和寻求解决问题的新途径的思维形式。如第二次世界大战后，飞机设计师们把飞机的机翼由“平直机翼”改为“后掠机翼”，使飞机的飞行速度由“亚音速”提高到“超音速”。

3. 因果相反

因果相反是指颠倒已有事物的因果关系，变因为果，去发现新的现象和规律，寻找解决问题的新途径的思维形式。如在发明史上，奥斯特发现电能生磁，发明电磁铁。法拉第则利用相反原理提出磁能生电，从而发明发电机。

4. 状态相反

状态相反是指根据事物的某一属性（如正与负、动与静、进与退、作用与反作用等）的反转来认识事物，从而引发创新的一种思维形式。如圆珠笔随笔珠的磨损变小而漏油，提高了笔珠耐磨性后，笔杆耐磨问题又出现了。日本人中田“反过来”考虑这个问题：为何不把注意力放在笔芯上呢？若将笔芯的油量适当减少，使圆珠笔在磨损漏油之前，芯里的油已经用完，不就无油可漏了吗？

（六）换元原理

换元是指对不能直接解决的问题采用“替代”方法，使问题得以解决或使创新思维活动深入展开。

换元分析就是要分析事物的三个基本要素——事物、特征和量值，把不相容的问题转化为相容的问题，要找出转化为相容问题的最好办法。着重研究变换规律，即如何对不相容问题中事物进行变换，使不相容的问题转化为相容问题时遵守什么法则。

（七）利用原理

利用专利发明进行创新思维是指创新思维者借鉴已有成果和技术，依据他人的发明专利来启迪自己的智慧，从而实现创新的过程。

对当代大学生来说，学习和掌握他人的发明专利既是掌握和了解现有技术及其转化的最佳途径，也是学习和掌握当今科学技术发展最新动态的途径，加上自己已掌握的科学技术知识以及在这个方面训练，对实现借鉴、创新是有很大帮助的。

三、创新思维的基本特征

创新思维是指在创造性活动中，应用新的方案和程序，创造新的思维产品的思维活动。它是在一般思维的基础上发展起来的多种思维的综合，有如下四个基本特征：

（一）发散思维和集中思维的统一

创新思维主要是发散思维和集中思维的统一。在创新思维中，发散思维和集中思维都是非常重要的，二者缺一不可。然而对于创新思维来说，发散思维更为重要，它是思维创造性的主要体现。发散思维可以突破思维定式和功能固着的局限，重新组合已知的知识经验，找出许多新的可能的解决问题的方案。它是一种开放性的没有固定的模式、方向和范围的，可以“标新立异”“海阔天空”“异想天开”的思维方式。发散思维有流畅性、变通性、独创性三个指标。

（二）直觉思维作为创新思维中的重要思维活动

直觉思维作为创新思维中的一个重要思维活动，是指不经过一步步地分析，而迅速地对问题答案做出合理猜测、设想或突然领悟的思维。它是创新思维活跃的一种表现，它不仅是创造发明的先导，还是创造活动的动力。例如，达尔文通过观察植物幼苗顶端向阳光弯曲，直觉提出“其中有某种物质跑向背光一面”的设想，以后随科学的发展被证明确有“某种物质”即“植物生长素”。数学领域中的哥德巴赫猜想、费尔马猜想等都是当初数学大师未经论证而提出的一种直觉判断，但为后人所确信，并为此进行了论证。直觉思维具有三个特点：一是从整体上把握对象，而不是拘泥于细枝末节；二是对问题的实质的一种洞察，而不是停留于问题的表面现象；三是一种跳跃式思维，而不是按部就班地展开思维过程。直觉思维是在知识经验的基础上形成和进行的，丰富的知识经验有助于人们形成深邃的直觉。

（三）创造想象助力创新思维

创造想象助力创新思维。因为创新思维的成果都是前所未有的，而个体在进行思维时借助于想象，特别是创造想象来进行探索。创新思维只有创造想象参与，才能从最高水平上对现有知识经验进行改造、组合，构筑出最完整、最理想的新形象。例如，牛顿的万有引力定律的提出就是以地球绕太阳运转、月亮绕地球运转、大海潮汐现象、苹果落地等事实为前提，先在头脑中进行创造想象，然后进行推理而产生的。世界著名的物理学家爱因斯坦在高度抽象的理论物理领域中有许多杰出的创造性成果，他大多是运用创造想象来进行研究的。他对想象力的评价是：“想象力比知识更重要，因为知识是有限的，而想象力概括着世界的一切，推动着进步，并且是知识进化的源泉。严格地说，想象力是科学研究的根本因素。”

（四）灵感触发创新思维

灵感触发创新。在创新思维过程中，新的解决问题的思路、方案的产生往往带有突然性，这种突然产生新思路、新方案的状态，称为灵感。它常给人一种豁然开朗、妙思突发的体验，使百思不得其解的问题顿释。对许多科学家的调查表明，他

们在发明创造过程中，大多出现过灵感。灵感并不是什么神秘之物，它是思考者长期积累知识经验、勤于思考的结果。

四、创新思维的特点

（一）独创性

独创性是创新思维的基本特点。创新思维活动是新颖的独特的思维过程，它打破传统和习惯，不按部就班，解放思想，向陈规戒律挑战，对常规事物怀疑，否定原有的框框，锐意改革，勇于创新。在创新思维过程中，人的思维积极活跃，能从与众不同的新角度提出问题，探索开拓别人没认识或者没完全认识的新领域，以独到的见解分析问题，用新的途径、方法解决问题，善于提出新的假说，善于想象出新的形象，思维过程中能独辟蹊径，标新立异，革新首创。

（二）多向性

创新思维不受传统的单一的思想观念限制，思路开阔，从全方位提出问题，能提出较多的设想和答案，选择面宽广。思路若受阻，遇有难题，能灵活变换某种因素，从新角度去思考，调整思路，善于巧妙地转变思维方向，产生适合时宜的新办法。

（三）综合性

创新思维能把大量的观察材料、事实和概念综合在一起，进行概括、整理，形成科学的概念和体系。创新思维能对占有的材料进行深入分析，把握其个性特点，再从中归纳出事物规律。

（四）联动性

创新思维具有由此及彼的联动性，是创新思维所具有的重要的思维能力。联动方向有三个方向：一是看到一种现象，就向纵深思考，探究其产生原因；二是逆向，发现一种现象，则想到它的反面；三是横向，能联想到与其相似或相关的事物。总之，创新思维的联动性表现为由浅入深，由小及大，触类旁通，举一反三，从而获得新的认识、新的发现。

（五）跨越性

创新思维的思维进程带有很大的跨越性，省略了思维步骤，思维跨度较大，具有明显的跳跃性和直觉性。

五、创新思维的作用和意义

（一）创新思维的作用

1. 创造性思维可以不断地增加人类知识的总量

创造性思维因其对象的潜在特征，表明它是向着未知或不完全知的领域进军，不断扩大着人们的认识范围，不断地把未被认识的东西变为可以认识和已经认识的东西，科学上每一次发现和创造，都增加着人类的知识总量，为人类由必然王国进入自由王国不断地创造着条件。

2. 创造性思维可以不断地提高人类的认识能力

创造性思维的特征已表明，创造性思维是一种高超的艺术，创造性思维活动及过程中的内在的东西是无法模仿的。这内在的东西就是创造性思维能力。这种能力的获得依赖于人们对历史和现状的深刻了解，依赖于敏锐的观察能力和分析问题的能力，依赖于平时知识的积累和知识面的拓展。

3. 创造性思维可以为实践开辟新的局面

创造性思维的独创性与风险性特征赋予了它敢于探索和创新的精神，在这种精神的支配下，人们不满足于现状，不满足于已有的知识和经验，总是力图探索客观世界中还未被认识的本质和规律，并以此为指导，进行开拓性的实践，开辟出人类实践活动的新领域。在中国，正是邓小平基于创造性的思维，提出了中国特色社会主义理论，才有了中国翻天覆地的变化，才有了今天轰轰烈烈的改革实践。相反，若没有创造性的思维，人类躺在已有的知识和经验上，坐享其成，那么，人类的实践活动只能停留在原有的水平上，实践活动的领域也非常狭小。

4. 创造性思维是将来人类的主要活动方式和内容

历史上曾经发生过的工业革命没有完全把人从体力劳动中解放出来，而目前世界范围内的新技术革命，带来了生产的变革；全面的自动化，把人从机械劳动和机器中解放出来，从事着控制信息、编制程序的脑力劳动；而人工智能技术的推广和应用，使人所从事的一些简单的、具有一定逻辑规则的思维活动，可以交给“人工智能”去完成，从而又部分地把人从简单脑力劳动中解放出来。这样，人将有充分的精力把自己的知识、智力用于创造性的思维活动，把人类的文明推向一个新的高度。

（二）创新思维的意义

1. 创新思维促使知识融会贯通，知识优化组合

知识是多种多样的，一个人只能掌握一定量的知识，而由于创新思维的产生土壤绝不是贫瘠和单一的，这样就促使人们了解“上至天文，下至地理”多个领域，使知识的门类涉猎更广、体系化更强，同时在不断的思考和学习中，达到知识的融会贯通，知识优化组合。

2. 创新思维促使企业自主创新，培养国际品牌

中国的民族品牌的树立，需要依靠自主创新，企业的产品没有创新就没有市场，企业的发展没有创新就难以维持，管理陈旧没有创新难免死气沉沉，企业可能缺乏竞争力。因此创新思维对于企业而言，尤其重要。纵观当前国际市场，民族品牌屈指可数，寥寥无几，2008 年的前世界 500 强新鲜出炉，前 50 强中，没有一家中国企业。究其原因，中国企业没有自主研发和创新的能力，亦步亦趋只能甘为人后。

中国的强大，离不开民族企业的发展，民族性国际品牌树立，是一个国家综合国力、经济实力的侧面体现，因此民族品牌的树立，企业文化创新、研发创新、管理模式创新等，都离不开创新思维的支持。

3. 创新思维能解放想象力，促进教育体制的完善发展

随着社会的发展，创新作用越来越显示出巨大的作用。当前中国基础教育进行“新课改”，提倡素质教育。而创新思维就是素质教育之一——创新素质的核心。而基础教育“新课改”的实行，促进学生的多方面能力发展，促使学生的自主能动性得以发挥，想象力得到激发和保护。而想象力的延伸和发展，就是创新思维的源泉，因此创新思维促进了教育体制的完善发展，而这对社会的明天、民族的未来至关重要。

4. 创新思维能促进社会重视创意产业发展，督促立法体制的完善

当今行业类别宽泛，新兴行业的兴起需要创新思维，而很多艺术创作或文学创作行业同样需要创新思维。这些需要丰富的想象力、创造力进行不断创作的行业中，一个缺乏想象力、创造力的人，很难出激发人们思考、引起人们共鸣的好作品。

针对这些行业门类，想象力和创造力，就是评判他们是否适合此行业发展的标准。而对通过想象创造而出的原创作品的推崇，会促进人们以及社会对原创作品的保护意识。这样重视创新，有意识地保护创新思维成果，也促进了尊重原创，反对剽窃的行业正气，从而激发行业的蓬勃发展，推进对此类行业知识产权保护等的立

法，促进我国法律法规的完善。

【案例分析】

紧腿裙与可口可乐瓶

1923年的一天上午，美国某玻璃瓶厂工人路透的久别女友来看望他。这天，女友穿着时兴的紧腿裙，实在漂亮极了。这种裙子在膝部附近变窄，凸出了人体的线条美。约会后，路透突发奇想：为何不把又沉又重的可口可乐瓶设计成这种紧腿裙的式样呢？于是，路透迅速按照裙子样式制作了一个瓶子，接着作为图案设计进行专利登记，然后将这种瓶子设计带到可口可乐公司。

可口可乐公司的史密斯经理看后大为赞赏，马上与路透签订了一份合同，约定每生产12打瓶子付给路透5美分。这就是可口可乐饮料现在所用的瓶样。目前这种瓶子的生产数量已经达到760亿只，路透所得的金额，约值18亿美元之巨。路透欣赏女友漂亮的裙子，想到改变又沉又重的可口可乐瓶形状，是灵感思维使他的灵感创新思维发挥了作用。

分析：这个案例让我们不难理解灵感出现是有基本条件的：首先，要对研究的问题有一个长时间的思考，这种苦思冥想是灵感产生的前提。灵感的出现是对某问题的一切方面经过深入考虑之后达到的瓜熟蒂落、水到渠成的境界。其次，注意力高度集中在所要解决的问题上，甚至达到痴迷的程度。这样可以全身心投入思考，使要解决的问题时时萦绕在心。最后，灵感出现的最佳时机是在长期紧张思考之后的短暂松弛状态下出现的，可能是在散步、洗澡、钓鱼、交谈、舒适地躺在床上的时候或其他比较轻松的时刻。因为紧张后的轻松之时，大脑灵活，感受力强，最易产生联想、触发新意。

【课堂活动】

给出一个气球，请同学们说出看到这个气球还能想到些什么。（或者说这个气球还能做什么。比如：有浮力，可以做游泳圈；可以做小朋友的小游泳池；可以当成球来玩；等等。）

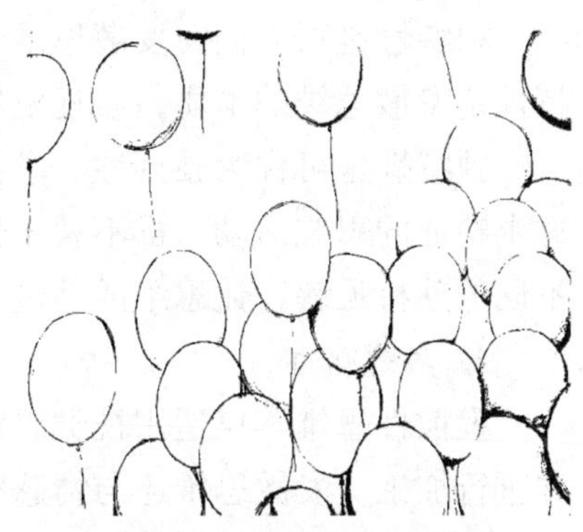

【课后思考实践】

1. 在生活中有哪些创新的小技巧？对你的生活有些什么改变？

2. 举例说明生活中有哪些熟知的创新型企业家，并总结他们不同的创新点。

第二节　创新思维的训练

一、发散思维训练

（一）发散思维的含义

发散思维又称放射思维、辐射思维、扩散思维和求异思维，是指大脑在思维时呈现的一种扩散状态的思维模式。发散思维是从一个问题（信息）出发，突破原有的圈，充分发挥想象力，经不同的途径、方向，以新的视角去探索，重组眼前的和记忆中的信息，产生出多种设想、答案，使问题得到圆满解决的思维方法。

（二）发散思维的特点

1. 流畅性

流畅性就是观念的自由发挥，指单位时间内产生设想和答案的多少或者指在尽可能短的时间内生成并表达出尽可能多的思维观念以及较快地适应、消化新的思想观念。如砖、绳子、纸等的用途。

流畅性衡量思维发散的速度（单位时间的量），可以看成发散思维“量”的指标，是基础。其包括字词的流畅性、图形的流畅性、观念的流畅性、联想的流畅性以及表达的流畅性。其中，字词的流畅性和表达的流畅性显得更为重要。

2. 变通性

变通性是指提出设想或答案方向上所表现出的灵活程度，是克服人们头脑中某种自己设置的僵化的思维框架，按照某一新的方向来思考问题的过程。

变通性是发散思维的“质”指标，表现了发散思维的灵活性，是思维发散的关键。变通性是指知识运用上的灵活性，观察问题的多层次、多视角。

3. 独特性

独特性是指人们在发散思维中做出不同寻常的异于他人的新奇反应的能力。独特性是发散思维的本质，表现发散思维的新奇成分，是思维发散的目的。

独特性也可称为独创性、求异性，这一点是创新思维的基本特征和标志。没有这个特征的思维活动，都不属于创新思维，这是发散思维的最高目标，能形成与众不同的独特见解，让思维活动进入创新的高级阶段。

4. 多感官性

发散性思维不仅运用视觉思维和听觉思维，而且也充分利用其他感官接收信息并进行加工。发散思维还与情感有着密切的关系。如果思维者能够想办法激发兴趣，产生激情，把信息感性化，赋予信息以感情色彩，那么就会提高发散思维的速度与效果。

在日常的学习生活中，我们要特别重视多感官训练，通过调动身体各个器官，体验视觉、听觉、嗅觉、触觉等感官刺激，减缓不正常张力变化、消除焦虑不安的情绪，全方位地激发兴趣，全身心地为学习服务。

（三）发散思维的作用

发散思维具有以下三方面的积极作用：

首先是核心性作用。发散思维在整个创新思维结构中的核心作用十分明显。美国著名心理学家吉尔福特（Guilford，1897—1987）（发散思维概念就是由他首先提出的）说过："正是发散思维，使我们看到了创新思维的最明显标志。"我们可以这样看：想象是人脑创新活动的源泉，联想使源泉汇合，而发散思维就为这个源泉的流淌提供了广阔的通道。发散思维从一个小小的点出发，冲破逻辑思维的惯性，让想象思维的翅膀在广阔的太空自由地飞翔，创造性想象才得以形成。

其次是基础性作用。创新思维的技巧性方法中，有许多都是与发散思维有密切关系的。著名的奥斯本智力激励法中的最重要的一条原则就是自由畅想，它要求不受一切限制地去寻找解决问题的办法，这实际上就是鼓励参与者进行发散思维。

最后是保障性作用。发散思维的主要功能就是为随后的其他思维提供尽可能多的解决方案。这些方案不可能每一个都十分正确、有价值，但是一定要在数量上有足够的保证。如果没有发散思维提供大量的可供选择的方案、设想，其他思维就无事可做。可见，发散思维在整个创新思维过程中，实际上起着后勤保障的重要作用。

（四）发散思维的训练原则

1. 考虑所有因素

尽可能周全地从各个方面考察和思考一个问题，这对问题的探索、解决特别有用。

2. 预测各种结果

思考一个问题时应考虑各种"后果"或最终可能出现的结局。这有利于对事物的发展有较明确的预测，并从中寻求最佳的结局模式。

3. 尝试思维跳跃

当解决某个问题遇到困难时，可以采用思维跳跃的方法，即不从正面直接入手，而是另辟蹊径，从侧面来突破。

4. 寻求多种方案

思考问题时，可快速"扫描"并指向事物或问题的各个点、线、面、立体空间，寻找多种方案，并对方案进行深入思考，从而找到全新的思路和方法。

（五）发散思维的训练方法

1. 材料发散法

这是指以某个物品尽可能多的"材料"，以其为发散点，设想它的多种用途。如回形针的用途：把纸或文件别在一起，做发夹……

2. 功能发散法

这是指从某事物的功能出发，构想出获得该功能的各种可能性。

3. 结构发散法

这是指以某事物的结构为发散点，设想出利用该结构的各种可能性。

4. 形态发散法

这是指以事物的形态为发散点，设想出利用某种形态的各种可能性。

5. 组合发散法

这是指以某事物为发散点，尽可能多地把它与别的事物进行组合。

6. 方法发散法

这是指以人们解决问题或制造物品的某种方法为扩散点，设想出利用该种方法的各种可能性。如说出用“吹”的方法可能做的事或解决的问题：吹气球、吹蜡烛、吹口哨……

7. 因果发散法

这是指以某个事物发展的结果为发散点，推测出造成该结果的各种原因，或者由原因推测出可能产生的各种结果。如推测“玻璃杯碎了”的原因：手没抓住；掉落地上碎了；被某物碰碎了……

8. 假设推测法

这是指假设的问题不论是任意选取的，还是有所限定的，所涉及的都应当是与事实相反的情况，是暂时不可能的或是现实不存在的事物对象和状态。由假设推测法得出的观念可能大多是不切实际的、荒谬的、不可行的，这并不重要，重要的是有些观念在经过转换后，可以成为合理的有用的思想。

二、平面思维训练

（一）平面思维的含义

平面思维是线性思维向着纵横两个方向扩张的结果。当思维定向、中心确定以后，它就要从几个方面去分析说明这个问题。当这些点并不构成空间而是处于同一平面不同方位的时候，思维就进入了平面思维。平面思维，可以从不同的方面去说明思维的中心，可以相对地达到认识某一方面的全面性。养成了这种思维习惯的人，喜欢进行横向的平面比较，横向扩大了视野，平面宽于直线，因而优于一维思维，同时，二维思维还能将横向的现实知识与纵向的历史知识结合起来进行思考。

横向思维概念由英国学者爱德华・德波诺于1976年首次提出，它与纵向思维的概念相对应。横向的也有侧面的、从旁的、至侧面的意思，故“横向思维”也可称为“侧向思维”。

爱德华・德波诺提出了一些促进横向思维的方法：对问题本身产生多种选择方案；打破定势，提出富有挑战性的假设；对头脑中冒出的新主意不要急着做是非判断；反向思考，用与已建立的模式完全相反的方式思维，以产生新的思想；对他人的建议持开放态度，让一个人头脑中的主意刺激另一个人头脑里的东西，形成交叉刺激；扩大接触面，寻求随机信息刺激，以获得有益的联想和启发等。

纵向思维是指思维从对象不同层面切入，纵向跳跃，带有突破性、递进性，渐变的联系过程特点。具有这种思维特点的人，对事物的见解往往入木三分，一针见血，对事物动态把握的能力较强，具有预见性。

（二）点的思维、线性思维以及平面思维的比较

点的思维是平面思维的开端或起点。一般来说，人们捕捉思维对象时，在确定研究方向、选择进攻点时，作为表现思维出发点或中心的思维过程，就是点的思维。点的思维又叫零维思维，它既无长度又无宽度。养成零维思维的人，容易将思维固定于某个观点或某个对象上面，不会由此及彼，不会将该点与其他相关的点联系起来，具有凝固、僵化的顽症，因而往往一叶障目，不见庐山真面目，在思想上表现出难以想象的主观性与片面性。

线性思维是点的思维的延伸或扩展。它有长度但无宽度，具有单一性和定向性的特征。线性思维也叫一维思维，表现为单纯的纵向的思维方式。具有这种思维方式的人喜欢进行历史模拟，单向性地回忆，注意传统的延续性、经验的有效性。而对外来的东西往往本能地抵制，对周围各种有益的意见，常常采取拒斥的态度；在实际工作中，讲话、行文常常引经据典，套话连篇，唯恐别人说自己不正统，而又特别喜欢谈及别人不正统；从事学术研究，则习惯于整理、考据、疏正、解释圣人、皇上、伟人们的学说，只能沿着某个固定的方向或向前引申，或向后回溯。因此，习惯于线性思维的人，虽然思维也有运动，但运动极其有限，缺乏应有的多向思考的灵活性。

线性思维可以分为正向线性思维和逆向线性思维。正向线性思维的特点是：思维从某一个点开始，沿着正向向前以线性拓展，经过一个点或是几个点，最终得到思维的正确结果，在答题中则表现为最终得到正确的答案。

（三）平面思维的培养与训练

平面思维是人的各种思维线条在平面上聚散交错，也就是哲学意义上的普遍联系，这种思维更具有跳跃性和广阔性，联系和想象是它的本质。我们通常所说的形象思维属于平面思维的范畴。例如什么样的东西可以做成一幅“画”呢？对于这个问题的回答很多人会选择纸和墨。但曾经就有一个画家用他母亲的头发做成了他母亲的头像。由此可见，这个问题不是简单的线条型的单向思维能回答的。如果我们把“画”字放在一个平面上，同所有可以想象到的名词联系起来，我们就会发现头发、石头、蝴蝶翅膀、金属、麦草、树叶、棉花……都可以用来做成精美的画。这种灵感不正是用平面思维来联系和想象的一种必然结果吗？

联系和想象是平面思维的核心，其特点通常表现为事项之间的跳跃性连接。在这一思维的过程中，它受到逻辑的制约，反过来又常常受到联想的支持，否则思维的流程就会被堵塞。

平面思维是线性思维向着纵横两个方向扩张的结果。当思维定向和中心确定以

后，它就要从几个方面去分析说明这个问题。当这些点并不构成空间，而是处于同一平面不同方位的时候，思维就进入了平面思维。平面思维，可以从不同的方面去说明思维的中心，可以相对地达到认识某一方面的全面性，但它仍然囿于某个平面中的全面，并不是反映对象整体性的全面，因而这种全面相对于立体思维来说，仍然是不全面的。

（四）平面思维的经典案例

请同学们准备好纸和笔，要求：必须自行独立完成。

第一步：在自己的白纸上画上这个图标（如图 2-1）。

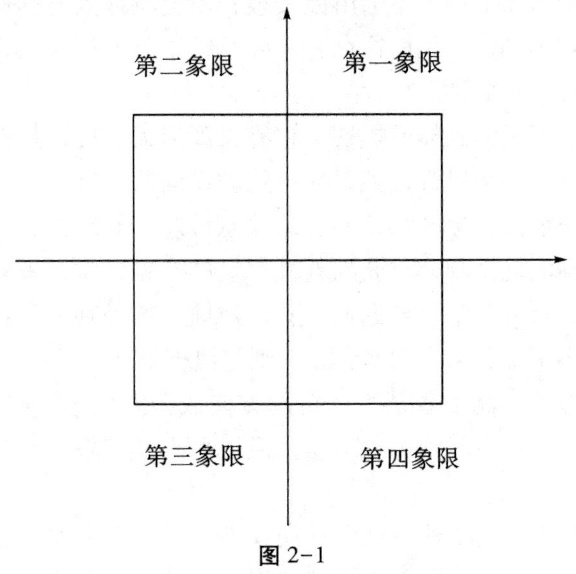

图 2-1

第二步：在该正方形中再画一个正方形（如图 2-2）。

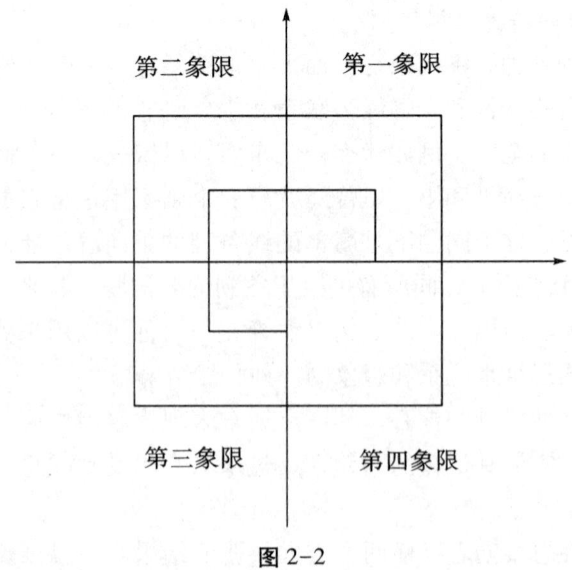

图 2-2

第三步：将小正方形和坐标轴所围成的面积图上阴影（如图 2-3）。

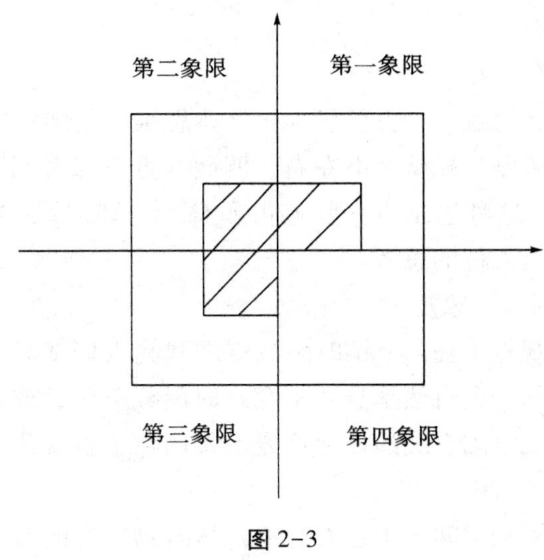

图 2-3

第四步：

（1）将第一象限中非阴影部分的面积用一条直线分为两个部分，要求被分割出来的图形面积相等，形状相同。

（2）将第二象限中非阴影部分的面积用两条直线分为三个部分，要求被分割出来的图形面积相等，形状相同。

（3）将第三象限中非阴影部分的面积分为四个部分，要求被分割出来的图形面积相等，形状相同。

（4）将第四象限中非阴影部分的面积分为七个部分，要求被分割出来的图形面积相等，形状相同。

答案如图 2-4：

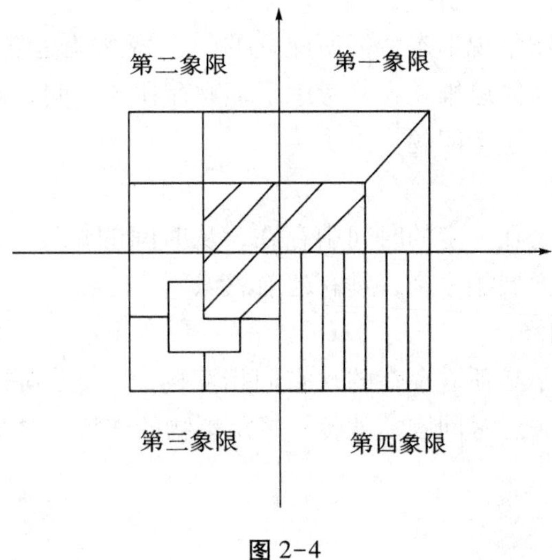

图 2-4

三、立体思维训练

（一）立体思维的含义

立体思维也称多元思维、全方位思维、整体思维、空间思维或多维型思维，是指跳出点、线、面的限制，能从上下左右、四面八方去思考问题的思维方式，也就是要“立起来思考”。这种思维方法强调占领整个立体思维空间，并有纵向垂直、水平横向以及交叉等全方位的思考。

（二）立体思维的三个维度

立体思维的时空观点很强。所谓时间或空间只是人们在对存在事物的认识和理解的基础上创建的概念，大自然本身并不存在时间或空间，或者说，空间本身什么都不是。一切与时间或空间有关的概念只表示人们在了解或认识事物时所形成的各种意识的形态。

人类社会需要时间和空间，于是人们把自然事物形态的变化特点认知为时间的作用，把自然事物的变化现象认知为空间的存在。例如，从人类生活的地球表面到大气层之间，或从大气层到外太空之间，甚至是由外太空到整个太阳系甚至银河系，这些人类认知中的空间，实质上都只是自然变化的一种现象。这些认知，表现了人们对宇宙天体的一个认知程度，并不是所谓空间。

空间和时间是事物之间的一种秩序。空间用以描述物体的位形；时间用以描述事件之间的先后顺序。空间和时间的物理性质主要通过它们与物体运动的各种联系而表现出来。在狭义相对论中，不同惯性系的空间和时间之间遵从洛伦兹变换。根据这种变换，同时性不再是绝对的，相对于某一参照系为同时发生的两个事件，相对于另一参照系可能并不同时发生。在狭义相对论中，长度和时间间隔也变成相对量，运动的尺相对于静止的尺变短，运动的钟相对于静止的钟变慢。

1. 有一定的空间

人们根据自然事物呈现形态特征所建立的一个概念就是空间。世界上的万物都在一定的空间存在。立体思维就充分考虑了事物存在的空间，就能跳出事物的本身，从更高的角度去观察、思考问题。

2. 有一定的时间

世界上的事物都是在一定的时间中存在，从时间的角度去思考，往往可以使我们做今昔的对比，从而展望未来，具有超前意识。

3. 万物联系的网络

世界上的事物都不是孤立存在的，它们相互构成一定的联系。我们在事物的千丝万缕联系的网络中去思考问题，就容易找出事物的本质，从而拓宽创新之路。

（三）立体思维的特征

1. 层次性

层次性是指系统在结构或功能方面的等级秩序。层次性具有多样性，可按物质的质量、能量、运动状态、空间尺度、时间顺序、组织化程度等多种标准划分。不同层次具有不同的性质和特征，既有共同的规律又各有特殊规律。要想对认识对象形成整体性的立体反映，首先就要把握或者分析认识对象的层次，包括认识对象的运动、变化或发展，经历了哪些阶段或层次，认识对象的组成结构，具有什么样的层次等。

2. 多维性

一般一维到三维是人类可见的效果，而到四维以后就不可见了，那么立体思维的多维性就是指立体思维的三维性。点运动成线，线运动成面，面运动成体。那么立体思维就是要从多方面、多角度、多侧面、多方位地去考究认识对象。

3. 联系性

联系性是指立体思维中各种因素、关系、方面的制约性、过渡性和渗透性。

4. 系统性

系统性是指立体思维过程中有关联的所有个体，根据预先编排好的某种规则工作，能完成个别元件不能单独完成的工作的群体。

5. 整体性

这是立体地描述、反映思维对象最后完成形态的要求，是立体地认识事物的必然产物。

6. 动态性

事物总是发展变化的，那么立体思维也不能局限于某一时间和空间，要随着事物的变化而变化。

（四）立体思维的三规律与三方法

1. 立体思维的三规律

（1）诸多因素综合律。诸多因素综合律是指思维在由低级向高级发展的过程中，在把点、线、面的思维上升为立体思维的过程中，必须动用多种观察工具、多种思维形式，把思维对象的各个方面、各种因素综合为一个整体，方能形成整体的思维。

（2）纵横因素交织律。纵横因素交织律是指在纵的分析与横的分析的基础上，使两者交织成一个有机整体。纵的分析是对认识对象进行历史的分析，横的分析是分析思维对象运动全过程中内在矛盾和外在矛盾的各个方面，分析各个矛盾方面在各个发展阶段上（层次上）的各种特征、关系、联系。

（3）各层次、因素、方面贯通律。各层次、因素、方面贯通律是指在立体思维的过程中，从问题的提出到问题的展开，必须按照思维自身和事物自身的层次、环节、阶段或结构，使其内容有条不紊地安排或组织起来，充分体现出立体思维的有序性。这是思维对象和思维自身具有的结构层次和发展层次在人的思维中的反映。

2. 立体思维的三方法

(1) 整体性思考方法。整体性思考方法是指以诸多因素综合律为依据的整体性思维方法。在立体思维的过程中，其根本宗旨和最后归宿，就是要全面把握、反映思维对象的整体，运用整体性的思考方法，就可以把看来是零碎的、没有联系的东西组成互相联系的整体。

(2) 系统性的方法。系统性的方法是指以各层次、因素、方面贯通律为依据的思维方法。在运用这种方法的过程中，要注意层次或顺序，或是从小系统到大系统逐级进行，或是从大系统到小系统逐级进行，不能越级，否则，就可能出现错误。

(3) 结构分析方法。结构分析方法是指以纵横因素交织律为依据的思维方法。立体思维必须了解整体或系统中各组成部分各处于什么位置，各起着何种作用，应当如何组合、排列等。这样，立体思维既可把握事物的整体，又可把握构成这个整体的内在机制，了解这个整体结构的性质。

四、逻辑思维训练

（一）逻辑思维的含义

逻辑思维又称为理论思维、抽象思维或闭上眼睛的思维，是指人们在认识过程中借助于概念、判断、推理等思维形式能动地反映客观现实的理性认识过程。它是作为对认识者的思维及其结构以及起作用的规律的分析而产生和发展起来的，是人的认识的高级阶段即理性认识阶段。

逻辑思维是一种确定的而不是模棱两可的、前后一贯的而不是自相矛盾的有条理、有根据的思维。在逻辑思维中，要用到概念、判断、推理等思维形式和比较、分析、综合、抽象、概括等方法，而掌握和运用这些思维形式和方法的程度，也就是逻辑思维的能力。

逻辑思维要遵循逻辑规律，这主要是形式逻辑的同一律、矛盾律、排中律、辩证逻辑的对立统一、质量互变、否定之否定等规律，违背这些规律，就会导致认识上的混乱和错误，继而在思维上发生偷换概念、偷换论题、自相矛盾、形而上学等逻辑错误。

（二）逻辑思维的特点

1. 逻辑思维的规范性

规范性是指凡是有人群的地方，每个人的一言一行、一举一动都有一定的规矩和标准。在管理学上，规范性是指一个企业从筹建、运行到分立、撤并，从运行中的物质供应、生产制造到产品销售，每个环节、每个步骤、每个流程、每个岗位都有一定的规矩和标准。规范性强调的是有规矩和标准，逻辑思维恰是遵循规矩和标准的过程。不论是概念的起点，还是判断的发展，以及最后的推理，都是有科学方法可依、层层递进的思维过程。逻辑思维关注目标，沿着思维发展的脉络，推演出应采取的措施或行为。

2. 逻辑思维的严密性

严密是指事物之间结合得紧密，没有空隙；或者是考虑很周到，没有疏漏。逻辑思维的严密性即是指在逻辑推理过程中，由于建立在概念和判断的基础上，推出的最终结论是紧密的，是不会出现逻辑上的错误的。

3. 逻辑思维的确定性

“确定”是一动词，通常有以下几种词义：固定、明确肯定、坚定、必然、确实无疑、表示坚决等。那么确定性则是相对于不确定性而言的，是指事先就能准确知道某个事件或某种决策的结果，或者说，事件或决策的可能结果只有一种，不会产生其他结果。

逻辑思维推导出的结论就是确定的，不存在模棱两可的情形。

4. 逻辑思维的可重复性

重复性是指用同一方法在正常和正确操作情况下，由同一操作人员，在同一实验室内，使用同一仪器，并在短期内对相同样本作多个单次测试，在95%的概率水平下得出两个独立测试结果的最大差值。逻辑思维的可重复性，即是指同一个人在同样的假设或已知条件下运用同样的逻辑思维过程，最终推导出的结论是相同的。

（三）逻辑思维的作用

1. 逻辑思维的一般作用

首先是有助于我们正确认识客观事物；其次是可以使我们通过揭露逻辑错误来发现和纠正谬误；再次是能帮助我们更好地去学习知识；最后是有助于我们准确地表达思想。

2. 逻辑思维在创新中的积极作用

发现问题；直接创新；筛选设想；评价成果；推广应用；总结提高。

（四）逻辑思维的形式

1. 形式逻辑

形式逻辑又叫普通逻辑，也是我们平常说的逻辑，是指抛开具体的思维内容，仅从形式结构上研究概念、判断、推理及其联系的逻辑体系。

2. 数理逻辑

数理逻辑是在普通逻辑（形式逻辑）的基础上发展起来的新的逻辑分支学科。数理逻辑在深度和广度上推进了传统逻辑，使它更加精确和严密。由于数理逻辑使用了数学的语言和符号，揭示了事物和事物之间的数量关系，不仅深化了传统自然科学学科的研究，而且对计算机科学、控制技术、信息科学、生物科学等学科的发展有着重要的意义。

3. 辩证逻辑

辩证逻辑就是按照辩证唯物主义哲学对客观世界的认识方法和思维方式去认识

世界的逻辑体系。列宁说过，辩证逻辑不是关于思维的外在形式的学说，而是关于一切物质的、自然的和精神的事物的发展规律的学说，即关于世界的全部具体内容及对它的认识的发展规律的学说。

（五）逻辑思维的方法与训练

1. 演绎推理法

演绎推理就是由一般性前提到个别性结论的推理。按照一定的目标，运用演绎推理的思维方法，取得新颖性结论的过程，就是演绎推理法。

例如，一切化学元素在一定条件下都会发生化学反应。惰性气体是化学元素，所以，惰性气体在一定条件下确实能够发生化学反应。这里运用的就是演绎推理法。

演绎推理的主要形式是三段论法。三段论法就是从两个判断得出第三个判断的一种推理方法。上面的例子就包含了三个判断。第一个判断是一切化学元素都在一定条件下发生化学反应，提供了一般的原理原则，叫作三段论式的大前提。第二个判断是惰性气体是化学元素，指出了一种特殊情况，叫作小前提。根据这两个判断，说明一般原则和特殊情况间的联系，因而得出第三个判断："惰性气体在一定条件下确实能够发生化学反应"——结论。

只要作为前提的判断是正确的，中间的推理形式是合乎逻辑规则的，那么必然能够推出"隐藏"在前提中的知识。这种知识，尽管没有超出前提的范围，但毕竟从后台走到了前台。对我们来说，往往也是新的，而且由于我们常常是为了某种实际需要才做这种推理，其结论很可能具有应用价值。这样演绎推理的结论就可能既具有新颖性又具有实用性。

2. 归纳推理法

（1）完全归纳推理

从一般性较小的知识推出一般性较大的知识的推理，就是归纳推理。在许多情况下，运用归纳推理可以得到新的知识。按照一定的目标，运用归纳推理的思维方法，取得新颖性结果的过程，就是归纳推理法。

（2）简单枚举归纳推理

简单枚举归纳推理是列举某类事物中一部分对象的情况，根据没有遇到矛盾的情况，便做出关于这一类事物的一般性结论的推理。

在它的结论的基础上，可以继续研究，如果证明是正确的，就得到了新的知识。即使证明了是错误的，也从另一方面给了我们新的知识。

（3）科学归纳推理

科学归纳推理是列举某类事物一部分的情况，并分析出制约此情况的原因，以此结果为根据，从而总结出这一类事物的一般性结论的推理方法。

3. 实验法

实验是为了某一目的，人为地安排现象发生的过程，据之研究自然规律的实践活动。实验的特点是必须能重复，能够在相同条件下重复地做同一个实验，并产生相同的结果，这是一个实验成功的标志，不能重复的实验就不是成功的实验，其结果就没有可信度，就不能作为科学依据，这是符合逻辑思维原理的。

实验法研究有诸多优点，比如：能够纯化研究对象；能够人为地再现自然现象；可以改变现象的自然状态；可以加速或延缓对象的变化速度；还可以节约费用，减少损失。

4. 比较研究法

比较研究法简称比较法，是指通过两个或两个以上对象的相同点和差异来获得新知识的方法。

在比较研究中，主要起作用的还是逻辑思维中的演绎推理、归纳推理和类比推理，所以，比较研究是运用逻辑思维进行创新的一种方法。比较可以是空间上的横向比较，也可以是时间上的纵向比较，还可以是直接比较和间接比较。

通过比较研究，可以鉴定真伪，区分优劣；明察秋毫，解决难题；确定未知，发现新知；取长补短，综合改进；追踪索迹，建立序列。

5. 证伪法

根据形式逻辑中的矛盾律，在同一时间、同一关系上，不能对同一对象做出不同的断定。用一个公式来表示：A 不能在同一时间、同一关系上是 B 又不是 B。

根据形式逻辑中的排中律，在同一时间、同一关系上，对同一事物两个相互矛盾的论断必须做出明确的选择，即必须肯定其中的一个。用一个公式来表示：A 或者 B，或者不是 B，二者必居其一，不可能有第三种选择。

根据以上两个规律，运用逻辑思维方法，可以在证明一个结论是错误的同时，证明另一个结论是正确的。用这种方法来取得正确答案的方法，就是反证法或证伪法。在许多情况下，证伪法可以帮助我们解决疑难问题，取得创新结果。

（六）逻辑思维的经典案例

1897 年，孙中山侨居日本时，与日本著名政治家相识。有一天，犬养毅问孙中山："我真的敬佩您的机智——不过，我想问问您，孙先生，您最喜欢的是什么？"

"革命，把清政府推翻。"

"您最喜欢革命，这是谁都知道的，但除此之外，您最喜欢什么？"

这样的提问显然有斗智意味。

孙中山停了片刻，用英语回答："woman（女人）。"

犬养毅忍不住哈哈大笑，他嚷道："这是很老实的话，我认为您会说最喜欢书，结果您却把女人排在书的前面，这是很有意思的，您这样忍耐着对女人的爱而拼命看书，实在了不起。"

孙中山说："不是这样！我想，千百年来，女人总是男人的附属品或玩物，充其量做个贤内助，然而我认为，她应该和母亲是同义语，当妈妈把她身上最有营养的乳汁喂给孩子的时候，当妻子把她真诚的爱献给丈夫的时候，她们的牺牲是那样无私和高尚，这难道不值得爱吗？可惜，我们好些人都不珍惜这种爱，践踏这种爱。”

犬养毅听后，自知误解了孙中山的意思，而且十分佩服他的敏锐机智。

请问孙中山怎样洞察出对方的用意，又是怎样阐明自己所说的概念内涵的？

分析：孙中山在与犬养毅的对话中，觉察到犬养毅对自己所使用的“woman”这个概念的含义有误解。英文的“woman”是一个泛指的概念，可指女人、女性、妻子、情人、女仆等。孙中山严肃地指出，他是将“woman”这个概念作为“母亲”的同义语使用的，这就明确了其内涵，消除了对方有意或无意的误解。这个事例告诉我们，明确概念的内涵，是成功的言语交际的第一要义。

被西方誉为“逻辑之父”的古希腊大哲学家亚里士多德十分重视语言表达中明确概念含义的问题。他在《辩论篇》中指出：“对于一个有歧义的名词或有歧义的表述，一个人答辩应当像下面这种样子，说‘在一种含义上它是这样，而在另一种含义上它不是这样’。”他还说：“因为问题的意义模糊，你随便答复，就会引起困难。假如你事先不发觉问题的双关性，按你所了解的答复了，而提问的对方把问题看成和你的理解不同，你就应该指出：‘那不是我承认时所理解的意思，我是这样理解的。’”

亚氏的这些见解，对人们的思维提出了一个最基本的逻辑要求，那就是要明确所使用的每一个概念，特别是在使用有歧义的语词时，绝不能含糊其词，必须明确指出它表达的是什么概念，以消除任何误解或曲解。概念是构成思维的基本要素，概念要明确，可以说是逻辑上的一条最根本的原则，也是保证交际成功的必要前提和先决条件。否则，一切思想交流和言语交际都将无法进行。

五、逆向思维训练

（一）逆向思维的含义

逆向思维也称为求异思维，它是对司空见惯的似乎已成定论的事物或观点反过来思考的一种思维方式。

（二）逆向思维的特点

1. 普遍性

逆向思维在各种领域、各种活动中都适用，由于对立统一规律是普遍适用的，而对立统一的形式又是多种多样的，有一种对立统一的形式，相应地就有一种逆向思维的角度，所以，逆向思维也有无限多种形式。如性质上对立两极的转换：软与硬、高与低等；结构、位置上的互换、颠倒：上与下、左与右等；过程上的逆转：气态变液态或液态变气态、电转为磁或磁转为电等。不论哪种方式，只要从一个方面想到与之对立的另一方面，都是逆向思维。

2. 批判性

逆向是与正向比较而言的，正向是指常规的、常识的、公认的或习惯的想法与做法。逆向思维则恰恰相反，是对传统、惯例、常识的反叛，是对常规的挑战。它能够克服思维定式，破除由经验和习惯造成的僵化的认识模式。

3. 新颖性

循规蹈矩地思维和按传统方式解决问题虽然简单，但容易使思路僵化、刻板，摆脱不掉习惯的束缚，得到的往往是一些司空见惯的答案。其实，任何事物都具有多方面的属性。由于受过去经验的影响，人们容易看到熟悉的一面，而对另一面却视而不见。逆向思维能克服这一障碍，往往能出人意料，给人以耳目一新的感觉。

（三）逆向思维的原则

1. 敢想敢说勇于创新的原则

学会逆向思维，敢于提出与众不同的见解，敢于破除习惯的思维方式和旧的传统观念的束缚，跳出因循守旧、墨守成规的老框框，大胆设想。发前人之未发，化腐朽为神奇，标新立异。

2. 严谨原则

逆向思维要经得起推敲，避免表面化、浅层次地思考问题。

3. 遵从规律避免极端原则

逆向求异应在一定的语言环境或特定的社会背景中进行，只有严格遵循客观规律，准确把握事物的本质，才能避免从一个极端走向另一个极端。如“螳臂挡车”，贬抑螳螂已成共识，你若想褒扬它，想借此改变人们的传统观念，人们将难以赞同。

4. 尊重科学不伤感情的原则

“逆向”虽具有普遍性，但那些违反科学道理，有悖于人们共识和伤害人感情的“逆向”，都是不可取的。

（四）逆向思维的训练方法

1. 反转型逆向思维法

这种方法是指从已知事物的相反方向进行思考，找到发明构思的途径。而从“事物的相反方向”思考常常指从事物的功能、结构和因果关系三个方面做反向思维。

2. 转换型逆向思维法

转换型逆向思维法是指在研究一问题时，由于解决某一问题的手段受阻，而转换成另一种手段，或转换思考角度思考，以使问题顺利解决的思维方法。如历史上被传为佳话的司马光砸缸救落水儿童的故事，实质上就是一个用转换型逆向思维法的例子。由于司马光不能通过爬进缸中救人的手段解决问题，因而他就转换为另一手段——破缸救人，进而顺利地解决了问题。

3. 缺点逆用思维法

缺点逆用思维法是指利用事物的缺点，将缺点变为可利用的东西，化被动为主动，化不利为有利的思维发明方法。这种方法并不以克服事物的缺点为目的，相反，它是将缺点化弊为利，找到解决方法。例如，金属会被腐蚀是一件坏事，但人们利用金属腐蚀原理进行金属粉末的生产，或进行电镀等其他用途，无疑是缺点逆用思维法的一种应用。

（五）逻辑思维的经典案例

某时装店的经理不小心将一条高档呢裙烧了一个洞，使其身价一落千丈。如果用织补法补救，也只是蒙混过关，欺骗顾客。这位经理突发奇想，干脆在小洞的周围又挖了许多小洞，并精于修饰，将其命名为“凤尾裙”。一下子，“凤尾裙”销路顿开，该时装商店也出了名。逆向思维带来了可观的经济效益。无跟袜的诞生与“凤尾裙”异曲同工。因为袜跟容易破，一破就毁了一双袜子，商家运用逆向思维，试制成功无跟袜，创造了非常良好的商机。

传统的破冰船，都是依靠自身的重量来压碎冰块的，因此它的头部都采用高硬度材料制成，而且设计得十分笨重，转向非常不便，所以这种破冰船非常害怕侧向漂来的流水。苏联科学家运用逆向思维，变向下压冰为向上推冰，即让破冰船潜入水下，依靠浮力从冰下向上破冰。新的破冰船设计得非常灵巧，不仅节约了许多原材料，而且不需要很大的动力，自身的安全性也大为提高。遇到较坚厚的冰层，破冰船就像海豚那样上下起伏前进，破冰效果非常好。这种破冰船被誉为“20 世纪最有前途的破冰船”。

【案例分析】

希尔顿饭店的创始

著名的希尔顿酒店产业创始于 20 世纪 20 年代。当初，创始人希尔顿在达拉斯商业街上漫步，发现这里竟然没有一家像样的酒店，萌生了建一家高级酒店的想法。

希尔顿是一个创造力与行动力都很强的人，想到就去做。他很快就看中一块“风水宝地”。酒店属于典型的服务业，对这个产业，影响最大的因素就是地基，选择一个好的地基，即使初始投资较大，也会很快在后续的有利经营中收回。所以，希尔顿决心买下这块风水宝地。

这块地的出让价格为 30 万美元，而他眼下可支付的资金仅仅 5 000 美元！况且，解决地皮之后，还要筹集大量的建设资金。所以，表面上看，这个项目显然不可行。

但他没有放弃，他把这个难题进行了分解。首先，他把 30 万美元的地皮费用分解到了每年每月。他对土地拥有人说：“我租用你的土地，首期 90 年，每年给你 3 万美元，按月支付，90 年共支付 270 万美元，一旦我支付不起，你可以拍卖酒店……”对方感到占了个大便宜。

签订了土地租赁协议，希尔顿马不停蹄，将自己开酒店的方案以及诱人的经营远景讲给投资商听，很快与一个大投资商达成了协议，合股建设酒店，酒店如期建成，经营效益超出先期预料，获得了巨大成功，从此，希尔顿走上世界级酒店大王之路，一度跻身全球十大富豪之列。

分析：上述案例是以经济为线索，以时间为切入点，将租金问题进行分解法再思考，用现有的有限资金作为签订协议的资本，将未来的项目利润作为履约资本。接着，他又以经济为线索，以结构性和利益性为切入点，把自己的协议权用智慧放大为股份资本，将建设资本压力变成另一位投资者的投资动力，解决了全部建设资本。是智慧资本造就了著名的希尔顿。

【课堂活动】

内容：跳出常规，挑战规则。

目的：有很多事情，从一个角度看不可能，而从另一个角度，就变成可能的了，关键是开阔思维，放下你一直以来的思维模式。下面这两个看似不成立，却要求你证明成立的游戏，有力地说明了这一点。

题目：奇怪的“等式”。

要求：有两个等式：① 4-3=5 和 ② 9+4=1。在什么情况下，这两个等式成立。

思路：

1. 当你迫使自己脱离数学范围，而调动想象力的时候，答案很快就出来了。这道题的答案是：从四角形上剪去一个三角形，就变成了一个五角形。

2. 第二题的解题思路和第一题一样，发挥想象力，会发现时间是12进制的。9点钟加上4点钟，不就是1点钟吗?

【课后思考实践】

1. 如何培养创新思维?
2. 妨碍大脑进行思维创新的一个主要障碍是什么?
3. 请同学们谈谈如何将一个5元钱的苹果卖到50万元甚至500万元的价格。

第三章　提升大学生创业意识

创业者都有共性，了解、研究这些共性，是非常有意义的事情。成功创业者的历程都是相似的，了解成功创业者具有的创业意识、素质和能力，可以反观自己，明确自己是否适合创业，以及成功的可能性有多少，自己还有哪些差距。针对自己与创业者素质的差距，修改、完善发展目标和发展台阶，明白可以从哪些方面提升自己的创业意识、素质与能力。大学生应有意识地主动培养自己的创业意识、素质和能力，提高、加强社会能力训练的自觉性，这有利于自身成长成才。

通过本章学习，你将能够：

1. 了解创业意识的内涵；
2. 了解和掌握创业者应具备的心理素质和能力；
3. 正确评估自己的创业意识水平；
4. 激发自己的创业兴趣，树立正确的创业观。

第一节　创业意识的内涵

一、什么是创业意识

创业意识是指人们从事创业活动的强大内驱动力，是创业活动中起动力作用的个性因素，是创业者素质系统中的第一个子系统，即驱动系统。创业意识包括创业需要、创业动机、创业兴趣、创业理想等要素。

（一）创业需要

创业需要指创业者对现有条件不满足，并由此产生的最新的要求、愿望和意识，是创业实践活动赖以展开的最初诱因和动力。但仅有创业需要，不一定有创业行为，想入非非者大有人在，只有将创业需要上升为创业动机，创业行为才有可能发生。

（二）创业动机

创业动机指推动创业者从事创业实践活动的内部动因。创业动机是一种成就动机，是竭力追求获得最佳效果和优异成绩的动因。有了创业动机，才会有创业行为。

（三）创业兴趣

创业兴趣指创业者对从事创业实践活动的情绪和态度的认识指向性。它能激活创业者的深厚情感和坚强意志，既是产生创业意识的先决条件，又能使创业意识得到进一步升华。

（四）创业理想

创业理想指创业者对从事创业实践活动的未来奋斗目标较为稳定、持续地向往和追求的心理品质。创业理想属于人生理想的一部分，主要是一种职业理想和事业理想，而非政治理想和道德理想。创业理想是创业意识的核心。

二、创业意识的内容

（一）商机意识

真正的创业者会在创业前、创业中和创业后始终面临识别商机、发现市场的考验。他必须有足够的市场敏锐度，可以宏观地审视经济环境，洞察未来市场形势的走向，以便做出正确的决策来保证企业的持续发展。

（二）转化意识

仅有商机意识是不够的，还要在机会来临时抓住它，也就是把握机会，需要把商机转化成实实在在的收入，最终实现自己的创业梦想。转化意识就是把商机、机会等通过创业行动转化为生产力；把你的才能、你在学校学到的知识转化为智力资本、人际关系资本和营销资本。

（三）战略意识

创业初期给自己制订一个合理的创业计划，解决如何进入市场、如何卖出产品等基本问题。创业中期需要制定整合市场、产品、人力等方面的创业策略，转换创业初期战略。需要指出的是，创业战略不止一种，也没有绝对的好坏之分，创业者关键要找到适合自己的创业之路。在这条路上应时刻保持战略的高度，不以朝夕得失论成败。

（四）风险意识

创业者要认真分析自己在创业过程中可能会遇到哪些风险，一旦这些风险出现，要懂得如何应对和化解。大学生是否具备风险意识和规避风险的能力，将直接影响到创业的成败。

（五）勤奋、敬业意识

李嘉诚说："事业成功虽然有运气在其中，但是主要还是靠勤劳，勤劳苦干可以提高自己的能力，从而会有很多机会降临在你面前。"大学生创业，一定要务实，要勤奋，不能光停留在理论研究上。可以从小投资开始，逐步积累经验，不能只想着一口吃个胖子。没有资金，没有人脉都不要紧，关键要有好的思路和想法，有勇气迈出第一步，才会有成功的可能。

三、创业意识的重要性

创业意识是指创业活动中非常重要的隐性因素。只有基于自身条件产生了强烈的创业需要，并力求达到创业成效，取得成就，培养成兴趣，作为一种人生职业理想，才可能从源头上为创业以及创业成功筑牢基础。同时，只有具有良好的商机意识，较强的转化意识、战略意识、风险意识、勤奋敬业意识，才可能真正把握住创业机会，才能取得创业成就。相反，没有良好的创业意识，再好的环境、机会摆在面前，都不会产生创业的想法，更不可能作为一种人生职业理想，从而胆大心细地坚持下去从而取得创业成就。

创业意识对创业素质和创业能力的提高也有非常重要的影响，它起到了基础和动力的作用。有良好的创业意识，才有利于创业素质的挖掘和创业能力的提高。

四、培养创业意识的方法

培养创业意识要在日常生活中随时进行自我观察，要"认识你自己"，认清自己的需要、兴趣、理想，分析自己做事的动机，并且养成知行统一的习惯，勇于实践。培养创业意识还应该去观察市场，分析市场经济环境，判断市场趋势；要养成举一反三的思维习惯，把自己已学的知识、已有的关系转化为创业需要的各种资本；要思考自己应该怎样进入市场，选择何种产品，怎样整合各种资源，制定适合自己创业的战略方法；要预测各种可能遇到的风险，做好应对之策；要养成务实、勤劳的习惯，踏踏实实积累经验，逐步迈向更大的成功。

【案例分析】

选择决定未来

有三个人要被关进监狱三年，监狱长给他们一人一个要求。美国人爱抽雪茄，要了三箱雪茄。法国人最浪漫，要一个美丽的女子相伴。而犹太人说，他要一部与外界沟通的电话。

三年过后，第一个冲出来的是美国人，嘴里鼻孔里塞满了雪茄，大喊道："给我火，给我火!"原来他忘了要火了。接着出来的是法国人。只见他手里抱着一个小孩子，美丽女子手里牵着一个小孩子，肚子里还怀着第三个。最后出来的是犹太人，他紧紧握住监狱长的手说："这三年来我每天与外界联系，我的生意不但没有停顿，反而增长了200%，为了表示感谢，我送你一辆劳斯莱斯!"

分析：这个故事告诉我们，什么样的选择决定什么样的生活。今天的生活是由三年前我们的选择决定的，而今天我们的抉择将决定我们三年后的生活。我们要选择接触最新的信息，了解最新的趋势，从而更好地创造自己的将来。

领导的科学

一个人去买鹦鹉，看到一只鹦鹉前的标牌：此鹦鹉会两门语言，售价二百元。另一只鹦鹉前的标牌上写着：此鹦鹉会四门语言，售价四百元。该买哪只呢？两只都毛色光鲜，非常灵巧可爱。这人转啊转，拿不定主意。他突然发现一只老掉了牙的鹦鹉，其羽毛暗淡蓬乱，标价八百元。

这人赶紧将老板叫来："这只鹦鹉是不是会说八门语言?"

店主说："不。"

这人奇怪了："那为什么又老又丑，又没有能力，会值这个价呢?"

店主回答："因为另外两只鹦鹉叫这只鹦鹉老板。"

分析：这则故事告诉我们，真正的领导人不一定自己能力有多强，只要懂信任，懂放权，懂珍惜，就能团结比自己更强的力量，从而提升自己的身价。许多能力非常强的人却因为过于追求完美，事必躬亲，认为什么人都不如自己，最后只能做最好的公关人员、销售代表，成不了优秀的领导人。

【课堂活动】

活动内容：创业动因分析。

活动目的：认识创业动因与创业意识对创业成功的重要作用，增强创业意识与能力。

活动形式：请同学说出马斯洛人类需求层次理论，并作阐释，同时班级成员分成小组，利用这一理论分析创业者的创业动因5分钟，并派小组代表发言3分钟，最后教师点评。

【课后思考实践】

1. 思考自己知道的创业者具有哪些优秀的创业意识。

2. 分析自身性格、资金、人脉等条件，找相关创业测评量表进行测量，分析自己是否适合创业，将从哪些方面去提高创业能力。

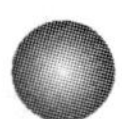

第二节　创业者的基本素质

一、创业者

创业者一词由法国经济学家坎蒂隆（Cantillon）于1755年首次引入经济学。1800年，法国经济学家萨伊（Say）首次给出了创业者的定义，他将创业者描述为将经济资源从生产率较低的区域转移到生产率较高区域的人，并认为创业者是经济活动过程中的代理人。著名经济学家熊彼特（1934）则认为创业者应为创新者。

在欧美学术界和企业界，创业者被定义为组织、管理一个生意或企业并承担其风险的人。创业者的对应英文单词是entrepreneur。entrepreneur有两个基本含义：一是指企业家，即在现有企业中负责经营和决策的领导人；二是指创始人，通常理解为即将创办新企业或者是刚刚创办新企业的领导人。

香港创业学院院长张世平认为，创业者是一种主导劳动方式的领导人，是一种无中生有的创业现象，是一种需要具有使命、荣誉、责任能力的人，是一种组织、运用服务、技术、器物作业的人，是一种具有思考、推理、判断的人，是一种能使人追随并在追随的过程中获得利益的人，是一种具有完全权利能力和行为能力的人。

二、创业者需要具备的基本素质

从成为创业者这一角度来看，显然并无太多特殊的要求，创业者并不是特殊人群。而成功的创业者不仅要具备一般人的基本素质，还要具备独特的创业素质。这些独特的创业素质主要包括以下七个方面：

（一）创业者身体素质

良好的身体素质是成功创业的前提，健康的身体是成功创业的基础。第一，创业之初，受资金、制度、管理、经营环境等各方面条件的限制，许多事情都需创业者亲力亲为；第二，创业过程中，创业者需要不断地思索如何提高经营管理水平，从而使企业在激烈的竞争环境中迅速成长；第三，在整个创业过程中，创业者工作时间远远长于一般工作者，并且需要承受巨大的风险压力。所有这些因素都要求创业者必须具备充沛的体力、旺盛的精力、敏捷的思路，如果没有过硬的身体素质，创业者必然力不从心、难以承担创业重任。

（二）创业者道德素质

道德是理想之光，成功的创业者必定是一个道德高尚的人，他会在创业的过程中造福一方，惠及他人，做到言出必行。创业过程中，创业者要做到两点：第一，适度控制私心小利。从个体角度讲，如果创业者过于看重自己的利益得失，不注重维护创业团队成员或企业员工的利益，那么创业者将失去支持者。从企业的角度讲，如果创业者过于关注企业局部、短期的利益，企业则很难做大、做强、做久。第二，创业者要做到得意不忘形，失意不失志。一个成功的创业者在创业顺利时能够居安思危，在创业失利时能够保持斗志使企业转危为安。

（三）创业者心理素质

创业的成功在很大程度上取决于创业者的心理素质。创业者在创业的过程中难免会遇到诸多挫折、压力甚至失败，这就需要创业者具有非常强的心理调控能力，能够持续保持一种积极、沉稳、自信、自主、刚强、坚韧及果断的心态，即有健康的创业心理素质。宋代大文豪苏轼说：“古之成大事者，不唯有超世之才，亦必有坚忍不拔之志。”只有具有处变不惊的健康心理素质，才能到达胜利的彼岸。

（四）创业者思想素质

大学生自主创业

企业是一步一步做大做强的，这要求创业者必须具备特殊的思想素质，具体包括：第一，既要志存高远，又要脚踏实地。创业者既要为企业做全局的、长期的战略规划，又能步步为营按照市场规律办事，从小处做起，做到精细管理。第二，既要有胆有谋，又要有风险防范意识。创业不是靠运气，而是靠胆识和谋略，是一种理性的风险投资，这也要求创业者必须有胆有谋。同时，创业集融资与投资为一体，有一定的风险，这又要求创业者必须有一定的风险意识及防范风险的意识。

（五）创业者知识素质

创业者的知识素质对创业起着举足轻重的作用。创业者要具有创造性思维，要做出正确决策，必须掌握广博的知识，具有一专多能的知识结构。具体来说，创业者应该具有以下几方面的知识：第一，正确认识国家政策法规，唯有此才能用足、用活政策，依法行事，用法律维护自己的合法权益；第二，了解科学的经营管理知识和方法，提高管理水平；第三，掌握与本行业本企业相关的科学技术知识，依靠科技进步增强竞争能力；第四，具备市场经济方面的知识，如财务会计、市场营销、国际贸易、国际金融等。

（六）创业者经验素质

经验素质是创业者在创业过程中实践经验的积累。经验是形成管理能力的中介，是知识升华为能力的催化剂。缺少创业经验，是创业者特别是大学生创业者面临的一个重要问题。创业需要创业者具备很强的综合能力，一些创业者虽然有一些好的创业构想，但是由于缺乏创业经验，不是项目很难得到市场的认可，就是很容易被别人复制。要想提高自己的创业成功率，创业者应该考虑如何去积累创业经验，切实提高经验素质。

（七）创业者协调素质

创业者在创业过程中需要协调企业内部各部门、各成员之间的关系，同时，还要协调企业与外部相关组织、个人之间的关系，这种关系既包括工作关系也包括人际关系，所以要求创业者必须具备良好的协调素质。创业者的协调素质，是一种性质复杂的素质，要求创业者懂得一套科学的组织设计原则，熟悉并善于运用各种组织形式，善于用权，能够指挥自如，控制有方，协调人力、物力、财力，从而在企业的管理上获得最佳效果。

三、创业素质的提高途径

（一）未雨绸缪，做好创业思想准备

凡事预则立，不预则废。大学生创业必须牢固树立投身创业的理想和志向，未雨绸缪，认真做好创业的各项准备；否则，在真正开始甩开膀子大干一场的时候，很容易被现实的困难、挫折吓倒。有创业志向的大学生在校期间就要树立创业的志向，有意识地培养创业的意志品质。大学生创业者要将创业理想和实际学习目标有机结合，不怕困难和挫折，严于律己，顺利完成学业；积极参加各种社会实践活动，在确定目标、制订计划、选择方法、执行计划和开始行动的整个实践活动中，锻炼意志品质；加强意志的自我锻炼，注意培养和提高自我认识、自我监督、自我评价和自我鼓励的能力；积极参加体育锻炼，在锻炼身体的过程中磨砺自身坚强的意志。

（二）寓学于行，提高创业素质水平

创业之难，有目共睹；创业成功，难上加难。大学生要想取得创业成功，不光要做好思想准备，还要自觉培养商业意识，潜心钻研相关商业知识。特别要在创业实践中敏锐观察，科学分析，探求事物发展规律，去伪存真，把握事物本质；要自觉培养自身的信息处理能力，善于收集和利用信息，摸清市场运行的基本规律，积极主动寻求和创造商业机会；纵深挖掘智慧潜能，激发企业活力，自觉形成立足现在、着眼未来的战略理念。因此，大学生创业者在锻炼和培养自己的创业才能时，绝不能仅仅从让自己成功的方面去寻求提高的捷径，而必须在多方面打好扎实的基础，既要通过理论学习增长理论知识，也要通过创业实践增强职业技能，更要通过创业的竞争和自我否定增长才能，以求得创业才能的全面提高，努力做到寓学于行，知行合一。

（三）坚持不懈，科学调整创业心态

人生难得几回搏。创业之路充满荆棘，成功和失败并存，大学生创业者要有面临创业顺境时的忧患意识，更要有面临创业逆境时的抗压能力。在整个创业过程中大学生创业者一般都会经历以下几个阶段：首先，不甘学习、生活和发展现状—建立创业发展规划目标—组织创业团队—为实现目标奋斗；其次，不考虑任何物质利益的尝试—挫败—失败—再尝试—局部成功；最后，成功点逐步增多—成功从量的积累到阶段性的飞跃—最终走向成功。伴随创业的发展历程，大学生创业者的心态也将发生变化：最初的兴趣、特长和爱好—目标和热情—团队工作的乐趣—梦想和理想化的前景激励；接下来是挫败、怀疑和信心的反复摧残和重建；最后是重新评估和对目标、自身的再认识—责任—新的乐趣和兴奋点。为此，大学生创业者要坚信“天生我才必有用”，增强创业自信心；在创业实践中科学调整心态，增强面对企业逆境时的思维反应能力和抗挫抗压的能力。正所谓“长风破浪会有时，直挂云帆济沧海”。

【案例分析】

渴望成功

童烽烽，宁波市职教中心学校2000届毕业生，现任宁海县跃龙街道炎风电脑公司经理。

由于中考失利，童烽烽没有如愿考上普高，而是来到职业学校继续学业。在校期间，童烽烽成绩优秀，又是班里的团支书，并考取了计算机中级证书。尽管如此，毕业那年，童烽烽四处寻找合适的工作，却都不尽如人意。“给别人打工，不如自己当老板”，家人的一句玩笑话，却一语惊醒梦中人。但是，一个刚刚毕业的中专生，没有社会经验，没有足够的资金，拿什么去创业呢？

正在童烽烽心灰意冷的时候，一天，亲戚家的电脑坏了，请他上门维修，凭着过硬的专业技术，不到一个小时，问题就查出来了，是零件出了问题，需要更换。亲戚对电脑一窍不通，只能请童烽烽再跑一趟电脑市场，买来零件更换上去。就是这一来二去，带给了他创业的灵感。

为了实现自己的创业梦想，童烽烽放弃了安逸的生活，开始四处奔走。当地的电脑公司，大多没有上门维修的服务，这个市场空缺，让他看到了希望。他找人到住宅区和大街上分发传单，自己也在网上发布消息，凭借良好的技术和信誉，找他修电脑的人越来越多。

没过多久，童烽烽筹集了五万元左右的资金，开了一家公司——宁海县跃龙街道炎风电脑公司，主要采用的是分店合作模式，一般一个区域或乡镇开设一二个服务点，目前四个区域已经落实服务人员了。以前上门服务过的客户，都成为他的老客户。他的事业蒸蒸日上。

分析：你觉得童烽烽能成功创业，首要的前提是什么呢？对，就是他渴望创业。想创业、敢创业，是创业成功的必要前提。创业艰苦而且磨难很多，除了渴望创业以外，我们还要破除依赖心理和胆怯心理；要提高创业的能力，富于创新，善于学习。只有苦过、累过、奋斗过的收获才是最宝贵的。

【课堂活动】

活动内容：分析自己是否具有创业者的素质。

活动目的：培养创业意识，提高创业素质。

活动形式：将以上创业者的素质的符合程度分为“十分符合”“一般符合”和“不是太符合”三个档次，每个人对自己具备程度进行自我诊断，同学间相互点评，并分别对如何改进、提高素质发表意见，最后，教师点评。

【课后思考实践】

1. 结合自身实际，请谈谈如何提高自己的创业素质。
2. 以一个成功的创业案例为例说明其体现了创业者的哪些创业素质。

第三节　增强创业能力

一、创业者应具备的创业能力

创业能力是指创业者解决创业过程中遇到的各种复杂问题的本领，是创业者基本素质的外在表现。从实践的角度看，创业者能力表现为创业者把知识和经验有机结合起来并运用于创业管理的能力。它具体包括以下七个方面的能力：

（一）机会识别能力

创业机会识别能力是指创业者采用种种手段来识别市场机会的能力。创业者要学会从现代社会各种渠道获取信息，发现市场机会，分析市场环境，判断市场趋势。

（二）风险决策能力

风险决策能力主要体现在创业者的战略决策上，即创业者在对企业外部经营环境和内部经营环境进行周密细致的调查和准确而有预见性的分析的基础上，确定企业发展目标，选择经营方针和制定经营战略的能力。创业者有时候也进行一些战术性决策，但更多的精力是用于战略决策。

（三）战略管理能力

创业战略管理能力指创业者整体地考虑企业经营环境，理解如何适应市场，如何创建竞争优势的能力。创业者需要根据企业的优势、劣势并结合外部环境的机会、挑战正确地制定企业发展的战略目标。只有确定了正确的战略目标，企业才能走得更远。创业者的创业战略管理能力要素包括三个方面：第一，专业技能，即做好工作需要的知识、经验，如设计能力、系统分析能力等；第二，交际技能，即能使企业形成正面的工作态度的能力，如合作、协调、激励、沟通等；第三，综合判断能力，即能从企业整体的视野判断解决问题，做对公司整体有利的决策。

（四）开拓创新能力

开拓创新能力的实质是一种综合能力，它是各种智力因素和能力品质在新的层面上相互作用和有机结合所形成的一种合力。它是以智能为基础具有一定科学根据的标新立异的能力。拥有开拓创新的能力对于追求事业成功的人，实在非常重要。竞争者有那么多，凭什么可以制胜？你有什么条件令你出类拔萃？所以你一定要有一些特色，有一点创意，令人耳目一新，这样才可以赢得人心。

（五）网络构建能力

创业者应当善于建立本行业的广泛社会网络，包括有关本行业的现代电脑网络。密集的行业网络沟通有助于创业者从广泛的社会网络中获取高回报的创业信息，促使创业者在巨型网络提供的信息精华中，吸取经验教训、培养创业精神——既勇于冒险，又坦然地接受失败。“网络”素质较高的创业者，由于掌握了丰富的发明、生产、销售等信息，因而其决策更为科学，成功率更高。

(六) 组织管理能力

创业者是研究、开发、生产、销售等各个环节的协调者、组织者和领导者，因此，创业者应当具有组合生产要素、形成系统合力的组织管理能力。创业者尤其应具备以下两方面的能力：一是必须对自己经营的事业了如指掌，有预测生产和消费趋势的能力；二是善于选择合作伙伴，有组织或领导他人、驾驭局势变化的能力。

(七) 社交能力

创业者常要与不同的人进行交往，如果拥有较强的社交能力，将有助于创业的成功。

二、为什么创业者要具备创业能力

创业能力是创业者创业成功的保证。只有学会学习，能有效地掌握各方面的信息，并且具有开拓创新精神，把握好创业心理、创业机会、创业行动、创业过程、创业计划等各方面，在面临各种可能方案时，能根据实际条件，果断决策，能了解行业发展、生产、销售等信息，能对资源、人力等有良好的组织、领导、协调能力，有优良的建立关系的语言表达和心理感受等社会交际能力与技巧，才能跟上时代的步伐，发现、把握住商业机会，展开商业活动，取得创业成功。如果没有良好的创业能力，那么就不可能有效发现时代的商业机会，不可能很好地吸引、整合各方面的资源、关系，不清楚行业发展的生产、销售等信息，也不可能很好地开展创业各阶段的工作，创业成功也就步履维艰。

三、如何增强创业能力

(一) 提升机会识别能力

创业者可以通过以下四个方面提高自身的机会识别能力。第一，关注技术、市场和政策的变化，提高对环境变化的敏感度及警觉性；第二，重视交往，组建自己的社会网络，丰富创业信息来源渠道；第三，明确创业目标，提高创业机会评价能力；第四，重视自身创造力的培养，塑造创造型人格，提升机会识别潜力。

(二) 培养决策能力

创业者培养决策能力应注意以下三点：第一，克服从众心理。决策能力强的人，能摆脱从众心理的束缚，思想解放，冲破世俗，不拘常规，大胆探索；唯有此，创业者才能独具慧眼，捕捉到更多的机遇。第二，增强自信心。创业者首先要有迎难而上的胆量，其次要变被动思维为积极思维，最后要培养自己的责任感和义务感。第三，决策不求十全十美，但应注意把握大局。

（三）提升决策能力

提高创业者决策能力有以下几种途径：从博学中提高决策的预见能力；从实践中提高决策的应变能力；从思想上提高决策的冒险能力；从心理上提高决策的承受能力；从思维上提高决策的创造能力；从信息上提高决策的竞争能力；从群体上提高决策的参与能力。

（四）培养开拓创新能力

创业者培养开拓创新能力要做好以下三点：

1. 积累知识，增加才干

开拓创新需要胆识，也需要知识和才干。没有知识的积累，缺乏必要的才干，开拓创新就无从谈起。创业者的知识和经验积累越多，开拓创新的能力就愈强。因为一个人只有具备丰富的知识与经验，才能拥有超群的才干、过人的胆识，才能接受新思想，吸纳新知识，抓住新机遇，创造新成果。

2. 培养想象力

想象力是从事任何职业的人都需要的，对需要具备开拓创新能力的创业者而言，进一步培养自己的想象力就变得更为重要。爱因斯坦在总结自身经验时指出：想象力概括着世界上的一切，推动着进步，并且是知识进化的源泉。

3. 培养发散思维能力

发散思维又称创造性思维、求异思维，是沿着不同方向、不同角度、全方位、多层次地寻找解决问题的答案的一种思维方式。具备发散思维能力，对培养创业者的开拓创新能力无疑如虎添翼。

创业者可以以利用自身资源、关系等争取与本行业各企业建立广泛联系，开展信息共享，相互学习、借鉴等方式了解行业发展动态，进而吸取经验教训，做出科学决策。

创业者要把握自己企业的现状，预测企业的未来，从提高自身人格魅力、紧密联系群众等方面组织、协调、管理好各方人力，相互配合、相互支持，有效地执行决策，提高效率，为组织目标而齐心协力地奋斗。

娴熟的社交能力主要从两个方面来培养：首先，树立自己良好的社交形象。仪表要大方美观，文雅得体，亲切和蔼，言谈稳健幽默；要有吸引人的社交魅力；要学会体察各种人的心理；要掌握多种社交技巧，如社交语言运用的技巧、待人接物的技巧、各种社交场合交往的技巧等；掌握各个国家、各个民族的社交礼仪和风俗习惯。其次，要有良好的文字表达能力和口头表达能力。要善于与人交谈，能熟练自如地运用语言吸引听众，创造良好和谐的气氛；要善于辩论，在一些问题的辩论中能运用逻辑性思维和准确有力的语言驳倒对方的错误观点，同时做到有理、有礼、有节；要有谈判能力，在谈判中运用语言创造和谐的氛围，提出有益的建议，争取对方的理解和合作，维护公司的利益；要有演讲能力，善于运用演讲技巧，通过口头语言、身体语言，让自己的观点深深地感染听众。

（五）受人欢迎的领导要掌握的10项原则

1. 记住对方的名字

熟记对方的名字可使对方对你产生深刻的印象，这是因为姓名对于个人而言，可以说是最具代表性的。

2. 做一个随和的人

尽量使自己成为一个随和的人，而且令人不至于感到有压迫感。总之，你必须是一个态度轻松自然、毫不做作的人。

3. 止怒

为避免发怒生气，试图训练自己面对任何事都能泰然处之，从容不迫。

4. 顺其自然

无论任何事情都不逞强或力求表现，而以自然的态度去应对。

5. 保持关心事物的态度

如此一来，人们通常会乐于与你交往，而受关心的对象也会因你而得到鼓励。

6. 注意细节

尽量除去个性中不拘小节之处，即使是在无意中所产生的也应如此。

7. 努力化解心中的抱怨

8. 将以爱待人的态度推及每一个人

尤其不要忘记威鲁洛加斯所言：“我从未遇过讨厌的人。”同时秉持这一信念努力实行。

9. 对于友人的成功不要忘记表示祝贺

对友人的成功表示祝贺；同样地，在友人悲伤失意时，记住诚恳地致上同情之意。

10. 体谅、帮助他人

对于他人处境应有深刻的体会，以便对他人有所帮助或提供参考，若能尽心尽力帮助他人，他人也会对你付出关怀与爱心。

（选自金鸣、张敏：《总经理三大能力》，北京出版社，2004 年）

【案例分析】

取舍

某家橡胶公司的营业部张经理，就今后公司的策略征求赵科长和李科长的意见。赵科长主张要积极扩大公司的规模，李科长则认为要踏实经营。张经理又是个敦厚、“凡事以和为贵”的上司。

对新销售政策的推行，赵科长的积极策略和李科长的慎重策略是互相对立的，张经理也没有在二者中做任何选择，对他们的建议都说：“喔！很好。”赵科长和李科长也都认定经理支持自己的想法，于是两种截然不同的政策就在各地分店、营业所、代理店开始实施了。

结果，营销人员乱了阵脚，各自行动不一，备受顾客批评。张经理认为，赵科长和李科长两人的能力不相上下，各有一番道理，所以他不想以决胜负的方式去伤害其中任何一个人。即便如此，张经理还是必须在这二者中做一个选择。而对意见未被采纳的人，也可以详细说明自己的想法。

如果张经理采取赵科长的积极策略，李科长可能会有所不满。相反地，如果李科长的意见被接受，赵科长可能会很沮丧。但是，在难以取舍的情况下，还是要有一个决定最好，否则像张经理这种优柔寡断的态度，会严重地影响整个公司的营运。上司常会有左右为难的困扰，尤其当双方各有优缺点时，更是陷入两难的局面。如果能清楚地做取舍，就不会有这样的问题了。

分析：以这家橡胶公司来说，因为张经理知道赵科长和李科长的个性截然不同，平常两个人的立场总是互相对立，所以才很难下决定。

其实，往往在这个时候，上司更应该站在中间的立场去做判断。抛弃私情和同情，冷静地思考，再做出明确的结论。虽然做出决定后，还是会有一些问题发生，但如果因此而犹豫不决的话，问题一定会更大。

【课堂活动】

活动内容：创业能力训练。

活动目的：了解创业者需要具备哪些方面的能力，并通过训练切实提高创业能力。

活动形式：以案例分析的形式，假设要在学校周围创办一个关于地方特色小吃方面的小店，分小组讨论这些创业能力如何在创办小店中体现，然后小组中选出代表发言，最后教师点评。

【课后思考实践】

1. 思考创业意识、素质、能力的关系。

2. 结合自身实际，说说自己将怎样提高自己的创业意识、创业素质与创业能力。

第四章　创业机会识别

“生活中处处充满着美，只是缺少发现美的眼睛。”创业的机会同样也是如此。在当今信息爆炸的时代，如何更迅速地识别身边的创业机会，是我们当代大学生需要关注的一个重要问题。特别是现在国家提倡“互联网+”，这不仅给传统企业转型指明了道路，更使O2O企业如雨后春笋般纷纷破土而出，伴随着互联网成长的新一代大学生要顺应时代的发展，响应国家“全民创业，万众创新”的号召，把握住时代的先机。

通过本章学习，你将能够：

1. 学会发现生活中的创业机会；
2. 找到并筛选自己的创业方案；
3. 懂得如何做好市场调查。

第一节　创业机会与创业环境

一、创业机会概述

创业机会来源于具有商业价值的创意，其表现为特定的组合关系。

在一个完全自由的市场体系中，创业机会的出现往往是因为创业者准备进入的行业和市场上存在着缝隙，这是商业环境的变化、市场体制不协调或不健全、技术的落后或领先、信息的不对称以及市场中其他各种因素影响的结果。对创业者而言，创业机会能否有效把握，依赖于创业者能否准确识别和充分利用这些市场缝隙。市场越不完善，相关知识和信息的缺口、不对称或不协调就越大，商业机会就越多，创业机会也越多。

（一）创业机会的含义

创业机会主要是指具有较强吸引力的、较为持久的有利于创业的商业机会，创业者据此可以为客户提供有价值的产品或服务，并同时使创业者自身获益。

（二）创业机会的特征

1. 潜在的营利性

营利性是创业机会存在的基础。创业者追逐创业机会的根本目的是基于创业机会组建企业，进而获得财富。如果创业机会不具有营利性，机会也就不是创业机会了。同时，创业机会的营利性是潜在的。对于这种潜在营利性的理解尤其需要创业者拥有一定的知识和技能，同时也需要相关领域的实际经验。因此，这也对创业机会的评价和识别造成一定的难度。很多创业机会看起来似乎具备较大的盈利可能性，但是经过仔细推敲之后却发现是虚假的信号。因此，在创业机会的识别和评价方面，需要创业者投入更多精力。

2. 创业机会需要具体的商业行为来实现

现实中，富有价值的创业机会具有很强的时效性，如果没有及时地把握住，一旦时过境迁，由于条件所限，原有市场就将不复存在，或者已经有其他创业者抢先一步占据市场先机，原先具有巨大价值的创业机会也会沦为无价值的市场信息。将创业机会商业化，还取决于许多客观条件，特别是创业者所面临的创业环境和其拥有的资源状况。因此，在创业机会的识别和开发上，创业者应当做好准备。

3. 创业机会的潜在价值能够不断开发和提升

创业机会的潜在价值依赖于创业者的开发活动，也就是说创业机会并非是被发现，而是被“创造”出来的。创业机会的最初形态很可能仅仅是一些散乱的信息组合，只有创业者以及创业过程的各类利益相关者积极地参与到机会识别中来，不断磨合各自的想法，创业机会的基本盈利模式才能够逐步形成，并且最终成为正式的企业。因此，创业机会的潜在价值具备很强的不确定性，它会随着创业者的具体经营措施和战略规划的变化而发生变动。如果创业者的战略方案与创业机会的特征得到良好的匹配，创业机会的价值就能够得到很大的提升，创业活动也能够获得较好的效果。如果相关战略规划与创业机会特征不匹配，甚至产生严重的失误，那么即使创业机会潜在价值很大，也无法得到有效机会，甚至造成创业失败。

4. 创业机会的核心特征表现为具有商业价值的创意

从某种意义上说，创业机会是创意的一个“子集”。创业机会可以满足创意的诸多特征：来源广泛；具有较强的创新性；未来的发展带有很大的不确定性。但是，创业机会拥有大多数创意所不具备的一个重要特征——能满足顾客的某些需求，因而具有商业价值。这一特征使有价值的创业机会得以从众多创意中脱颖而出，成为创业者关注的焦点。有商业价值的创意有两个特性：有用性及可行性。换句话说，漫无目的或是异想天开、天马行空的创意点子对创业是没有什么帮助的。

因此，从众多创意中寻找值得关注的机会，是创业者选择创业生涯、实施创业战略的第一步。而创业机会具有吸引力强、持久、适时的特性，它根植于可以为顾客或用户创造或增加价值的产品或服务中。

二、创业环境概述

现在大学生创业所面临的宏观环境和微观环境都十分复杂。所谓创业环境，实际上就是创业活动的舞台。任何创业活动都是在一定的社会环境下进行的，在我们的大学生迈向社会进入创业阶段的时候，呈现在面前的就是一个巨大的时空舞台。在这个舞台上，诸多事物和要素互动联系、碰撞，形成了一个面面俱到的现实环境系统，因此创业环境对大学生创业将产生十分重要的影响。

在大学生就业形势日益严峻的社会背景下，采取有效措施，为大学生创业营造良好的环境，对促进大学生创业并带动其就业具有十分重要的作用。

（一）宏观环境分析

1. 政府金融政策支持

现在，一些地方政府解决这一问题的常用方法是专项资金扶持和贴息贷款。通过这种途径，在短期内扶持多数创业人。政府为大学生自主创业提供各方面的保障，主要可以采用经济、行政以及法律的手段，如：简化不必要的程序；建立创业教育培训中心免费为大学生提供项目风险评估和指导；尽快落实国家针对大学生创业的税收减免的优惠政策；大学生创办的企业被认定为青年就业见习基地的，可享受有关补贴。

创业不久的小彬，最近就收到了一个来自于某市科创通平台的“政策红包”。5 万元的科创币让他有些意外，也有些欣喜。“中小微企业马上能兑现的科创币相对能减少很大一部分的费用问题，而且是实实在在马上可以变现。”小彬对这些实惠很满意，“5 万块钱或者 10 万块钱的检测费，按照要求扣掉了以后，我们就可以直接出自己该出的那部分，因为政府直接帮我们掏腰包了，对我们来讲是非常实惠的。”刚刚完成无线通信电子产品测试的小彬算了一笔账，此次的检测费用为 10 万元，使用科创币可以直接抵扣 20%，也就是 2 万元。这对于一家刚刚起步的企业来说，可以节省下一笔不小的研发投入。

2. 创业培训

政府部门除在资金上支持大学生创业外，还通过学校等教育机构对大学生进行创业培训。培训内容包括：申请贷款程序、创业者应具备的心理素质、基本的金融知识等。

通过系列培训，使创业大学生能坚持理想，贯彻计划，取得最终的成功。学校方面应采取如下措施：从政策上鼓励支持，形成积极创业的文化氛围；在学校建立配套科技园，加强创业教育，通过创业实践或比赛等多种形式培养大学生创业能力。同时向大学生适度开放校内市场，以利于大学生创业实践搭建创业服务平台。我们学校的市场营销专业的实训基地就给学生提供了一个自主创业的平台，给学生一个门面，让学生自己去经营、管理。

（二）微观环境分析

大学生创业微观环境分析主要是针对自己创业流程的一个详细的分析，具体如下图所示：

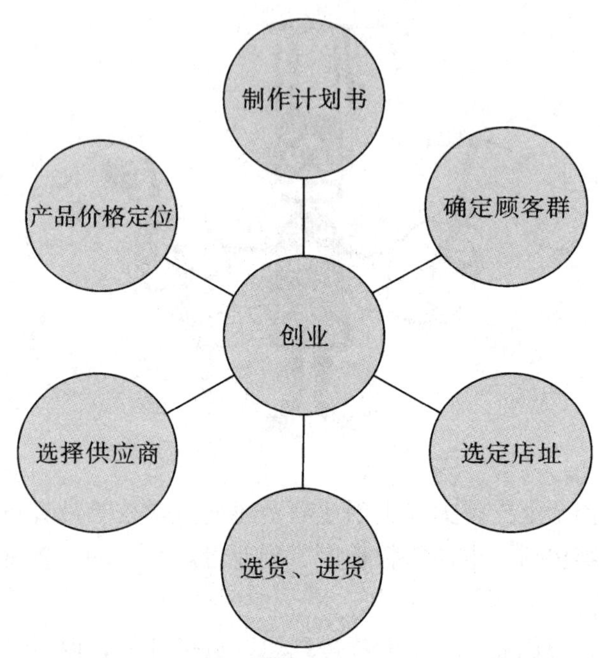

1. 制作计划书

比如，要在市区开一个卖牛仔裤的店，开店之前要制作一份计划书。制订营销计划时要将各个环节相互联系构成一个完整的内部环境，各个环节的分工是否科学、协作是否和谐、目标是否一致，都会影响营销决策和营销方案的实施。

2. 确定顾客群

顾客群的不同直接影响价格的定位，所以人流量是在创业前最看重的一点。服装的主要客户人群非常广泛，不论男女，60 岁以下的人群和青年都适合，目标是让每一个进来的顾客都可以找到自己喜欢的牛仔裤。

3. 选定店址

大多数学生选店址会选一些比较熟悉的环境。如将店址选在大学附近，或者是交通比较便利的地区。

4. 选货、进货

选货要掌握当地市场行情：出现哪些新品种，销售趋势如何，存量多少，价格涨势如何，购买力状况如何。进货时，首先到市场上转一转、看一看、比一比、问一问、算一算、想一想，以后再着手落实进货。少进试销，然后再适量进货。因为是新店开张所以款式一定要多，给顾客的选择余地大。

5. 选择供应商

供应商是指为企业及其竞争者提供生产经营所需资源的企业或个人，包括提供原材料、设备、能源、劳务和其他用品等。因为大学生的资金比较匮乏，没有很大的进货量，所以选择供应商时应当考虑适合自己的店面大小。

6. 产品价格定位

大学生开店一开始没有经验也没有固定顾客，要吸引顾客就只有将产品的定价降低，比别人获得更多的竞争力。

（三）创业条件

1. 家庭条件

家庭是创业者早期接受启蒙教育和健康成长的摇篮。创业者的家庭条件都因人而异，无论家庭条件好还是家庭条件差，对创业者来说都是可以利用的有利因素。有的家庭条件相对好一些，如家庭主要成员在社会上具有一定的地位或影响，使创业者早期便能结识一些有利于创业者将来从事创业活动的关键人物。也有的家庭是继承并在不断从事或扩大家庭传统的创业项目，多年的经营为创业者提供了大量的经营项目和经营经验，加之生产或经营技术的传统垄断性，使创业者在创业活动中往往容易成功。也有一些创业者家庭条件很一般，有的甚至较差，但这并不影响创业者的自信心和其创业活动。自古至今仍有许多创业者，他们克服了重重困难，通过自身的艰苦努力而逐步实现了自己的理想和抱负。

2. 人际条件

人际关系条件对创业者来说也十分重要。尤其是在当前市场经济条件下，搞好人际关系，对创业者顺利完成创业活动将起到积极的促进作用。所谓人际关系条件主要是指创业者在自己工作、学习以及生活的空间内，通过交往而逐步形成的相对稳定的联系，对创业者从事创业活动有促进和影响的各种有利条件。人具有社会属性和自然属性，其社会属性主要通过人的社会行为体现出来，具体表现在个体在衣食住行等方面都不可能脱离这个社会群体，总要直接或间接地与他人发生联系。这样，创业者总在自己的生活范围内逐步形成一个相对稳定的关系网络。这个网络对于创业者来说，是一笔不可多得的财富。同时，作为创业者还要学会充分利用和调动这些有利因素，使其能最大限度地为创业活动提供援助。可见，人际关系条件对创业者来说是十分重要的。

3. 自身素质条件

创业者的自身素质条件决定了创业者的创业活动性质和经营范围，也决定了创业者最终能否获得成功。创业者自身素质应包括其文化素质、身体素质和心理素质等智力因素和非智力因素。在当今社会，一个成功的创业者首先要有较高的文化素质。

【案例分析】

优质咖啡屋

小柠今年25岁，她的母亲经营一家建筑公司，父亲经营一个私人音乐学校。读高中期间，小柠是学校学生会主席。通过学生会的活动，她接触到了蓝色咖啡屋，这个咖啡屋在A市某旅游点拥有特许经营权。在蓝色咖啡屋，小柠在所有部门都工作过，还与员工和经理们讨论过业务，因此她掌握了经营咖啡屋的诀窍，并获得相应的资质证书。

几年后，小柠大学毕业了，她主修信息和通信技术，辅修小型宾馆管理。在学校要求的暑期实践活动中，她为多家小宾馆设计和实施了ICT系统，并获得SIFE中国区总决赛的第一名。毕业后小柠在一家四星级宾馆工作了一段时间，接着她申请并获准经营优质咖啡屋。这家咖啡屋租用了某写字楼的底层和草地。

小柠基于早前对该咖啡屋的了解，以及与相关人士的探讨，已知晓下列信息：优质咖啡屋在获得营业执照后，由另一名女士经营了十年左右。这位女士后来成立了一家公司为当地的超市加工食品，最近还移民到了外国定居。

优质咖啡屋空间非常宽敞。它的目标顾客是该写字楼的办公人员（约3 000人）以及另外3 000多名居民。一些顾客只是路过，另一些则是在那座写字楼附近的企业里工作。咖啡屋早上7点开门营业，晚上10点关门，每天接待顾客900余人。咖啡屋向附近的居民提供直接配送业务、外卖服务及直接服务（自助服务和服务员服务）。在这个商业区内还有其他四家咖啡屋。第一家由于营业空间太小，显得非常拥挤；第二家是一家国际特许经营店，价位很高；第三家位于隔壁建筑的第三层；而第四家则位于后街，并且该咖啡屋没有设置座位。目前，优质咖啡屋已经占据了该区域15%的市场份额。

分析：小企业的创办原则是：志向要大，计算要精，规模要小。

【课堂活动】

活动内容：分析环境能力训练。

活动目的：提高对分析创业环境的重要性的认识，提高把握创业机会的能力。

活动形式：每个人列举自己知道的或身边创业的案例（至少一个），分析其中体现的创业条件和微观、宏观创业环境。同学间相互讨论，发表意见；最后，教师点评。

【课后思考实践】

1. 创业机会有哪些特点？
2. 如何寻找合适的创业机会？
3. 怎样具体地分析创业环境？
4. 为什么说创业前要做好创业准备？主要从哪些方面做准备？

第二节　筛选企业想法

一、什么是企业想法

一个好的企业想法是实现创业者愿望和创造商机的第一步，那么，什么是企业想法呢？企业想法大致包含了两层含义：第一是要有自己创办企业的意图；第二是要确定自己打算创办怎样的企业。将创办企业的意图转变为想法和打算，需要考虑四个问题。

（一）你的企业打算销售什么

当我们走在大街上会看到各种各样大大小小的商店，有超市，有服装店，也有理发店等。他们有的进行的是实物交易，也有通过售卖服务来获得收益的，如果你打算创办企业，销售什么是第一个需要考虑的问题。

现在市场上的企业主要分为四大类型：首先是贸易企业，通过批发或者零售等方式，将自己或者别人的产品销售给消费者从而获得收益；其次是加工制造企业，通过生产实物产品盈利；再次是服务企业，通过提供服务或者劳务获得收益；最后是农、林、牧、渔业企业，利用土地或水域进行生产，进行种植、养殖或者饲养最终获得收益。

（二）你的企业将向谁进行销售

不同的企业所要面对的消费者是不同的，文具店向学生进行销售，药品店对病人进行销售，玩具店向小孩子进行销售，你的企业向谁进行销售呢？

（三）你的企业将如何开展销售活动

采用传统的销售方式还是新兴的销售方式，这也是我们需要考虑的一个比较重要的问题。

(四) 你的企业将满足顾客哪些需要

顾客的需求大致分为物质需求和精神需求两种。其中，初级的物质需求表现在人们没有达到一定的消费能力之前，为了获取赖以生存的物质所带来的消费；精神需求则是在满足了物质需求后，为了得到更多的非物质需求而产生的消费。而如今市场上，两种需求都能给企业带来收益，你的企业将满足消费者的哪种需求也是你需要思考的重要问题。

二、产生你的企业想法

每个人想要创办的企业有所不同，每个人所产生的企业想法也不同。我们应该从哪些方面着手产生自己的企业想法呢?

(1) 从自己身边着手，调查你身边的社区有多少家企业，分别是什么企业，并且调查一下这些企业、机关、事业单位及当地群众在生产生活中需要什么，缺少什么，从中寻找商机。

(2) 利用自己的兴趣或者经验，平时对哪一方面比较感兴趣，对哪个领域有所涉猎并且也有消费者需求，经过总结和筛选也能产生企业构思。

(3) 利用各种资源，调查寻找有无可利用的自然资源（如矿产、土地资源）和商品资源，通过新的想法来合理利用这些资源。

(4) 参观各种商品展销会，能拓展思路，也能产生企业构思。

(5) 在网上寻找项目，并经过自己的实际考察，也能产生自己的企业想法。

(6) 头脑风暴法。通过头脑风暴法可以激发创新思维，而头脑风暴法为什么会激发我们创新呢？主要有以下几点：

首先，头脑风暴会产生联想反应。联想是产生新观念的基本过程。在集体讨论问题的过程中，每提出一个新的观念，都能引发他人的联想。相继产生一连串的新观念，产生连锁反应，形成新观念，为创造性地解决问题提供了更大的可能性。

其次，在头脑风暴的过程中，容易受热情感染。在不受任何限制的情况下，集体讨论问题能激发人的热情。人人自由发言、相互影响、相互感染，能形成热潮，突破固有观念的束缚，最大限度地发挥创造性的思维能力；头脑风暴能激发竞争意识。在有竞争意识的情况下，人人争先恐后，竞相发言，不断地开动思维机器，力求有独到见解、新奇观念。心理学原理告诉我们，人类有争强好胜的心理，在有竞争意识的情况下，人的心理活动效率可增加50%或更多。

最后，头脑风暴能刺激个人欲望。在集体讨论解决问题过程中，个人的欲望自由，不受任何干扰和控制，是非常重要的。头脑风暴法有一条原则，即不得批评仓促的发言，甚至不许有任何怀疑的表情、动作、神色。这就能使每个人畅所欲言，提出大量的新观念。

三、筛选你的企业想法

到一定的时间，大家产生了很多的企业想法，但是不知道从哪儿入手筛选和确定自己的企业想法，所以我们需要对自己的企业想法进行筛选，留下一个最适合的、最有发展前途的。那么如何筛选出自己的企业想法呢?

我们可以从以下三个方面出发:

(1) 通过顾客、竞争对手、资源和要求、技能、知识和经验等方面来筛选企业想法。

(2) 采取实地调查的方法，获取对自己有利的信息和资源，再进行筛选并最后做出决定。

(3) SWOT 分析。所谓 SWOT 分析，即基于内外部竞争环境和竞争条件下的态势分析，就是将与研究对象密切相关的各种主要内部优势、劣势和外部的机会和威胁等，通过调查列举出来，并依照矩阵形式排列，然后用系统分析的思想，把各种因素相互匹配起来加以分析，从中得出一系列相应的结论，而结论通常带有一定的决策性。

运用这种方法，可以对研究对象所处的情景进行全面、系统、准确的研究，从而根据研究结果制定相应的发展战略、计划以及对策等。S（strengths）是优势、W（weaknesses）是劣势，O（opportunities）是机会、T（threats）是威胁。按照企业竞争战略的完整概念，战略应是一个企业“能够做的”（即组织的强项和弱项）和“可能做的”（即环境的机会和威胁）之间的有机组合。

【案例分析】

头脑风暴法

有一年，美国北方格外寒冷，大雪纷飞，电线上积满冰雪，大跨度的电线常被积雪压断，严重影响通信。过去，许多人试图解决这一问题，但都未能如愿以偿。后来，电信公司经理应用奥斯本发明的头脑风暴法，尝试解决这一难题。他召开了一种能让头脑卷起风暴的座谈会，参加会议的是不同专业的技术人员，要求他们必须遵守以下原则：

第一，自由思考。即要求与会者尽可能解放思想，无拘无束地思考问题并畅所欲言，不必顾虑自己的想法或说法是否“离经叛道”或“荒唐可笑”。

第二，延迟评判。即要求与会者在会上不要对他人的设想评头论足，不要发表“这主意好极了!”“这种想法太离谱了!”之类的“捧杀句”或“扼杀句”。至于对设想的评判，留在会后组织专人考虑。

第三，以量求质。即鼓励与会者尽可能多而广地提出设想，以大量的设想来保证质量较高的设想的存在。

第四，结合改善。即鼓励与会者积极进行智力互补，在尽量多地提出设想的同时，注意思考如何把两个或更多的设想结合成另一个更完善的设想。

按照这种会议规则，大家七嘴八舌地议论开来。有人提出设计一种专用的电线清雪机；有人想到用电热来化解冰雪；也有人建议用振荡技术来清除积雪；还有人提出能否带上几把大扫帚，乘坐直升机去扫电线上的积雪。对于这种“坐飞机扫雪”的设想，大家心里尽管觉得滑稽可笑，但在会上也无人提出批评。相反，有一工程师在百思不得其解时，听到用飞机扫雪的想法后，大脑突然受到冲击，一种简单可行且高效率的清雪方法冒了出来。他想，每当大雪过后，出动直升机沿积雪严重的电线飞行，依靠高速旋转的螺旋桨即可将电线上的积雪迅速扇落。他马上提出“用直升机扇雪”的新设想，顿时又引起其他与会者的联想，有关用飞机除雪的主意一下子又多了七八条。不到一小时，与会的10名技术人员共提出90多条新设想。

会后，公司组织专家对设想进行分类论证。专家们认为设计专用清雪机，采用电热或电磁振荡等方法清除电线上的积雪，在技术上虽然可行，但研制费用大，周期长，一时难以见效。那种因“坐飞机扫雪”激发出来的几种设想，倒是一种大胆的新方案，如果可行，将是一种既简单又高效的好办法。经过现场试验，发现用直升机扇雪真能奏效，一个久悬未决的难题，终于在头脑风暴会中得到了巧妙的解决。

随着发明创造活动的复杂化和课题涉及技术的多元化，单枪匹马式的冥思苦想将变得软弱无力，而“群起而攻之”的发明创造战术则显示出攻无不克的威力。

分析：头脑风暴产生的联想反应为创造性地解决问题提供了更多的可能性。

【课堂活动】

活动内容：构建你的企业想法并进行筛选。

活动目的：通过筛选得到好的企业想法。

活动形式：首先分组，同学们通过头脑风暴法产生自己的企业想法，然后利用SWOT分析法进行分析筛选，最后每组选出两位同学发言。

【课后思考实践】

1. 思考你有什么好的企业想法。

2. 通过SWOT分析法分析出的劣势和威胁，有无可以克服或者改进之处？

第三节　市场调查

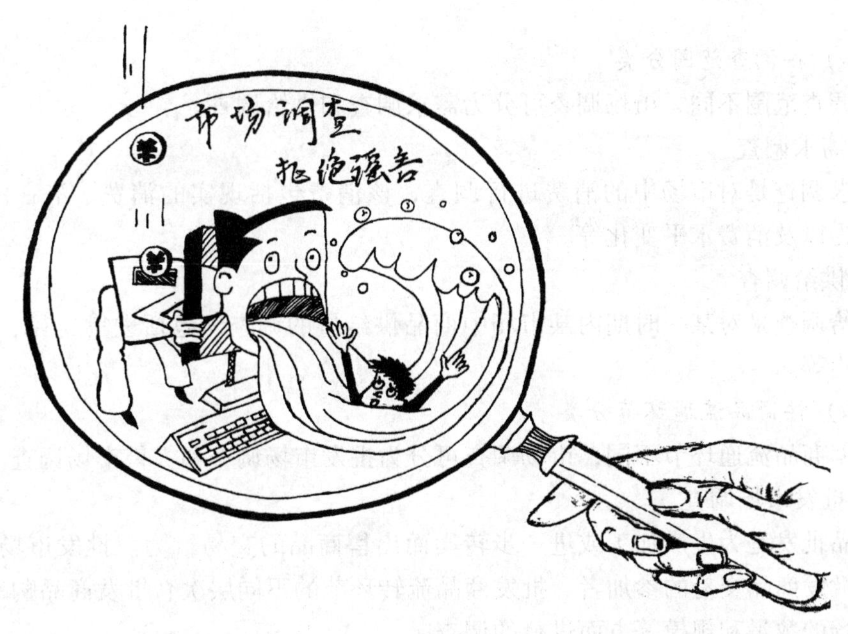

一、市场调查的含义

市场调查是指运用科学的方法，有目的、有计划地收集、整理、分析有关供求、资源的各种情报、信息和资料。它是把握供求现状和发展趋势，为制定营销策略和做出企业决策提供正确依据的信息管理活动。通过市场调查，我们可以获取有利的市场信息，为我们筛选企业想法、创办企业等提供一定的参考和建议。

二、市场调查的分类

(一) 根据购买商品的目的分类

根据购买商品的不同，市场调查可分为消费者市场调查和产业市场调查。

1. 消费者市场调查

消费市场的购买是为了满足个人或家庭的生活需要，例如我们去超市购买米、油和蔬菜。分析消费者市场主要是了解消费者需求数量和结构及变化。而消费者的需求数量和结构的变化受到多方面因素，如人口、经济、社会文化、购买心理和购买行为等的影响。对消费者市场进行调查，除直接了解需求数量及其结构外，还必须对诸多的影响因素进行调查。

2. 产业市场调查

产业市场也称为生产资料市场，其购买目的是生产出新的产品或进行商品转卖。产业市场是初级产品市场和中间消费市场，涉及生产领域和流通领域。产业市场主要是对市场商品供应量、产品的经济寿命周期、商品流通渠道等方面的内容进行调查。

(二) 按调查范围分类

按调查范围不同，市场调查可分为需求调查和供给调查。

1. 需求调查

需求调查是对市场中的消费进行调查，该消费包括现实的消费、潜在的消费、购买行为以及消费水平变化等。

2. 供给调查

供给调查是对某一时期内某市场中商品供给量的调查，包括进货途径、数量和货源结构等。

(三) 按商品流通环节分类

根据商品流通环节不同，市场调查可分为批发市场调查和零售市场调查。

1. 批发市场调查

商品批发是为生产加工或进一步转卖而出售商品的交易行为。批发市场调查主要是从批发商品交易的参加者、批发商品流转环节的不同层次、批发商品购销形式、批发市场的数量和规模等方面进行的调查。

2. 零售市场调查

商品零售是为了满足个人或社会集团消费的商品交易。零售市场调查主要是调查不同经济形势下零售商业的数量及其在社会零售商品流转中的比重，并分析、研究其发展变化的规律；调查消费者在零售市场上的购买心理和购买行为；调查零售商品的数量和结构等。

(四) 按产品层次分类

根据产品层次不同，市场调查可分为不同产品类型的市场调查。如按商品大类可分为食品类、衣着类、日用品类、医药类、燃料类等市场调查。按商品大类进行的市场调查，其资料可以用于研究居民的日常生活结构及其变化，从总体上研究市场。各种商品大类的市场调查还可以进一步划分为不同的小类或具体商品的市场调查。如食品大类商品又可划分为粮食类、副食类、调味品类等小类商品的市场调查。按商品小类和具体商品进行市场调查，所取得的资料对于研究不同商品的供求平衡、组织商品生产与营销、提高企业的经济效益是必需的，对于宏观经济研究也有重要作用。

（五）按空间层次分类

根据空间不同，市场调查可分为国内市场调查与国际市场调查。

1. 国内市场调查

国内市场调查是指以国内市场为对象进行的调查，可以分为全国性市场调查、地区性市场调查，还可以划分为城市市场调查、农村市场调查。

2. 国际市场调查

国际市场调查是以世界市场的需求动向为对象进行的调查。我国国内市场是国际市场的重要组成部分，国际市场同时也影响着我国国内市场。按不同空间组织的市场调查资料，对于研究不同空间市场的特点、对于合理地组织各地区商品生产与营销、对于地区间合理的商品流通，都具有十分重要的价值。

（六）按时间层次分类

根据时间层次不同，市场调查可分为定期市场调查和不定期市场调查。

1. 定期市场调查

定期市场调查是指对市场现象每隔一段时间就进行一次调查。其目的在于获得关于事物全部发展变化过程及其结果的信息资料。

2. 不定期市场调查

不定期市场调查则是为了解决某种市场问题而专门组织的一次性调查。其目的在于收集事物在某一特定时点上的水平、状态等资料。

（七）按调查组织的方式分类

根据调查组织的方式不同，市场调查可分为全面市场调查和非全面市场调查。

1. 全面市场调查

全面市场调查又称为普查，是对市场调查对象总体的全部单位进行的调查，目的是了解市场的一些至关重要的基本情况，对市场状况做出全面、准确的描述，从而为制定有关政策、规划提供可靠的依据。其调查结果虽比较准确，但不易进行，需要较大的人力、物力等。

2. 非全面市场调查

非全面市场调查是对总体中的部分单位进行调查。它又分为市场典型调查、市场重点调查和市场抽样调查。市场典型调查是从总体中选择具有代表性的部分单位作为典型进行的调查，其目的是通过典型单位的调查来认识同类市场现象总体的规律性及其本质。重点调查是从调查对象总体中选择少数重点单位进行调查，其目的是通过对这些重点单位的调查，反映市场的基本情况。市场抽样调查是根据概率原则选择适当样本进行的调查，其结果可以控制，在市场调查中应用范围较广。

（八）按调查的内容分类

根据调查的内容不同，市场调查可分为定性市场调查与定量市场调查。

1. 定性市场调查

定性市场调查是根据性质和内容对市场进行调查，如对市场环境、政治经济环境以及来自消费者各个方面的反映等进行定性分析，为企业的营销决策提供可靠依据。

2. 定量市场调查

定量市场调查主要是指收集和了解有关市场变化的各种数据进行量化或模型分析，预测潜在的需求量和商品销售的变化趋势。

（九）按调查的方法分类

按市场调查方法不同，市场调查可分为文案调查和实地调查。

1. 文案调查

文案调查是指通过收集各种历史的和现实的动态统计资料，从中选取与市场调查课题有关的信息。文案调查具有简单、快速、节省调查经费等特点，尤其是用于历史资料和现状的了解，它既可以作为一种独立方法来运用，也可作为实地调查的补充。

2. 实地调查

实地调查是指调查者自身收集第一手市场资料的方法。它包括观察法、实验法和访问法。实地调查在借助科学研究方法的基础上，能够得到比较真实的资料和信息。

三、市场调查的步骤

市场调查的步骤包括：①确定市场调查的必要性；②定义问题；③确立调查目标；④确定调查设计方案；⑤确定信息的类型和来源；⑥确定收集资料；⑦问卷设计；⑧确定抽样方案及样本容量；⑨收集资料；⑩分析资料；⑪撰写调查报告。

调查流程包括：①调查计划撰写；②调查问卷设计；③调查问卷实施；④调查问卷收集、整理；⑤数据分析；⑥调查报告撰写。

四、市场调查的内容

市场调查的内容涉及市场营销活动的整个过程，主要包括：

（一）市场环境的调查

市场环境调查主要包括对经济环境、政治环境、社会文化环境、科学环境和自然地理环境等的调查。具体的调查内容涉及市场的购买力水平，经济结构，国家的方针、政策和法律法规，风俗习惯，科学发展动态，气候等各种影响市场营销的因素。

（二）市场需求调查

市场需求调查主要包括消费者需求量调查、消费者收入调查、消费结构调查、消费者行为调查，包括消费者为什么购买、购买什么、购买数量、购买频率、购买时间、购买方式、购买习惯、购买偏好和购买后的评价等。

（三）市场供给调查

市场供给调查主要包括产品生产能力调查、产品实体调查等，具体为某一产品市场可以提供的产品数量、质量、功能、型号、品牌以及生产供应企业的情况等。

（四）市场营销因素调查

市场营销因素调查主要包括产品、价格、渠道和促销的调查。产品的调查主要包括了解市场上新产品开发的情况、设计的情况、消费者使用的情况、消费者的评价、产品生命周期阶段、产品的组合情况等。产品的价格调查主要包括了解消费者对价格的接受情况、对价格策略的反应等。渠道调查主要包括了解渠道的结构、中间商的情况、消费者对中间商的满意情况等。促销活动调查主要包括各种促销活动的效果，如广告实施的效果、人员推销的效果、营业推广的效果和对外宣传的市场反应等。

（五）市场竞争情况调查

市场竞争情况调查主要包括对竞争企业的调查和分析，了解同类企业的产品、价格等方面的情况，竞争对手采取了哪些竞争手段和策略等。通过调查，帮助企业确定自身的竞争优势。

五、市场调查方法

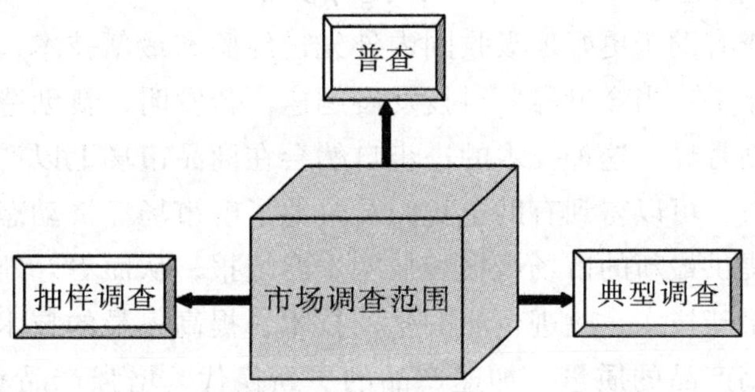

（一）按调查范围分类

按调查范围不同，市场调查可分为市场普查、抽样调查和典型调查三种。

1. 市场普查

市场普查法是以市场总体为调查对象的一种调查方法，是为了了解市场某种现象在一定时间范围的情况而进行的一次全面调查。这种调查方法的基本特点是具有全面性、精确性，相对稳定。

2. 抽样调查

抽样调查是根据随机的原则从总体中抽取部分实际数据进行调查，并运用概率估计方法，根据样本数据推算总体相应的数量指标的一种统计分析方法。

3. 典型调查

典型调查是根据调查目的和要求，在对调查对象进行初步分析的基础上，有意识地选取少数具有代表性的典型单位进行深入细致的调查研究，借以认识同类事物的发展变化规律及本质的一种非全面调查。

（二）按调查方式分类

按调查方式不同，市场调查可分为询问法、观察法、试销或试营法。

1. 询问法

询问法是将所要调查的事项以当面、书面或电话的方式，向被调查者提出询问，以获得所需资料的最常见的一种方法。

2. 观察法

观察法是指研究者根据一定的研究目的、研究提纲或观察表，用自己的感官和辅助工具去直接观察被研究对象，从而获得资料的一种方法。科学的观察具有目的性和计划性、系统性和可重复性。

3. 试销（试营）法

试销或试营法，即对拿不准的业务，可以通过营业或产品试销来了解顾客的反应和市场需求情况。

六、市场调查的必要性

（一）有助于改进企业的生产技术，提高管理水平

进行市场调查有助于更好地吸收国内外先进经验和最新技术，改进企业的生产技术，提高管理水平。当今世界，科技发展迅速，新发明、新创造、新技术和新产品层出不穷，日新月异。这种技术的进步自然会在商品市场上以产品的形式反映出来。通过市场调查，可以得到有助于我们及时地了解市场经济动态和科技信息的资料信息，为企业提供最新的市场情报和技术生产情报，从而更好地学习和吸取同行业的先进经验和最新技术，改进企业的生产技术，提高人员的技术水平，提高企业的管理水平，提高产品的质量，加速产品的更新换代，增强产品和企业的竞争力，保障企业的生存和发展。

（二）为企业管理部门和有关负责人提供决策依据

任何一个企业都只有在对市场情况有了实际了解的情况下，才能有针对性地制定市场营销策略和企业经营发展策略。在企业管理部门和有关人员要针对某些问题

进行决策如进行产品策略、价格策略、分销策略、广告和促销策略的制定时，通常要了解的情况和考虑的问题是多方面的，主要有：本企业产品在什么市场上销售较好，有发展潜力；在某个具体的市场上预期可销售数量是多少；如何才能扩大企业产品的销售量；如何掌握产品的销售价格；如何制定产品价格才能保证在销售和利润两方面都能增长；怎样组织产品推销，销售费用又将是多少；等等。这些问题都只有通过具体的市场调查，才能得到具体的答复，而且只有通过市场调查得来的具体答案才能作为企业决策的依据。否则，就会形成盲目的、脱离实际的决策，而盲目往往会导致失败和损失。

（三）增强企业的竞争力和生存能力

商品市场的竞争由于现代化社会大生产的发展和技术水平的进步而变得日益激烈。市场情况在不断地发生变化，而促使市场发生变化的原因，不外乎产品、价格、分销、广告、推销等市场因素和有关政治、经济、文化、地理条件等市场环境因素。这两种因素往往又是相互联系和相互影响的，而且不断地发生变化。因此，企业为适应这种变化，就只有通过广泛的市场调查，及时地了解各种市场因素和市场环境因素的变化，从而有针对性地采取措施，通过对市场因素，如价格、产品结构、广告等的调整，去应付市场竞争。对于企业来说，能否及时了解市场变化情况，并适时适当地采取应变措施，是企业能否取胜的关键。

【案例分析】

吉利公司市场调查

男人长胡子，因而要刮胡子；女人不长胡子，自然也就不必刮胡子。然而，美国的吉利公司却把“刮胡刀”推销给女人，居然大获成功。

吉利公司创建于 1901 年，其产品因使男人刮胡子变得方便、舒适、安全而大受欢迎。进入 20 世纪 70 年代，吉利公司的销售额已达 20 亿美元，成为世界著名的跨国公司。然而吉利公司的领导者并不为此而满足，而是想方设法继续拓展市场，争取更多用户。就在 1974 年，公司提出了面向妇女的专用“刮毛刀”。这一决策看似荒谬，却是建立在坚实可靠的基础之上的。吉利公司先用一年的时间进行了周密的市场调查，发现在美国 30 岁以上的妇女中，有 65%的人为保持美好形象，要定期刮除腿毛和腋毛。这些妇女之中，除使用电动刮胡刀和脱毛剂之外，主要靠购买各种男用刮胡刀来满足此项需要，一年在这方面的花费高达 7 500 万美元。相比之下，美国妇女一年花在眉笔和眼影上的钱仅有 6 300 万美元，染发剂 5 500 万美元。毫无疑问，这是一个极有潜力的市场。

根据市场调查结果吉利公司精心设计了新产品，它的刀头部分和男用刮胡刀并无两样，采用一次性使用的双层刀片，但是刀架则选用了色彩鲜艳的塑料，并将握柄改为弧形以利于妇女使用，握柄上还印压了一朵雏菊图案。这样一来，新产品立即显示了女性的特点。为了使雏菊刮毛刀迅速占领市场，吉利公司还拟定几种不同的"定位观念"并到消费者中征求意见。这些定位观念包括：突出刮毛刀的"双刀刮毛"；突出其创造性的"完全适合女性需求"；强调价格"不到50美分"；表明产品使用安全，"不伤玉腿"；等等。

最后，公司根据多数妇女的意见，选择了"不伤玉腿"作为推销时突出的重点，刊登广告进行刻意宣传。结果，雏菊刮毛刀一炮打响，迅速畅销全球。

分析：市场调查研究是经营决策的前提，只有充分认识市场，了解市场需求，对市场做出科学的分析判断，决策才具有针对性，从而拓展市场，使企业兴旺发达。

【课堂活动】

活动内容：市场调查能力训练。

活动目的：增强观察市场的意识，熟悉市场调查主要调查哪些内容。

活动形式：分小组设计市场调查问卷，并且按步骤在课堂上模拟，进行一遍市场调查，发现问题，解决问题，以便更直观地了解市场调查的过程。

【课后思考实践】

1. 什么是市场调查？为什么要进行市场调查？
2. 市场调查方法有哪些？什么样的方法具体适用什么样的情况？

第五章　创业资源整合

创业者能否成功地创造机会，进而推动创业活动向前发展，通常取决于他们掌握和能整合到的资源数量以及对资源的利用能力。许多创业者早期所能获取与利用的资源都相当匮乏，而优秀的创业者在创业过程中所体现出的卓越创业技能之一，就是创造性地整合和运用资源，尤其是那种能够创造竞争优势，并带来持续竞争优势的战略资源。

通过本章的学习，你将：

1. 学会如何组建创业团队；
2. 学会如何合理制订创业计划；
3. 了解创办企业的融资渠道；
4. 学会如何整合创业资源。

第一节　创业团队

一、创业团队概述

（一）创业团队的概念

团队是指拥有共同目标并且具有不同能力的一群人有意识的协调行为或力的系统，是一种应用广泛、灵活的组织形式。常见的团队形式有教练式团队、顾问式团队及伙伴式团队。教练式团队中，团队的领导相对组员具有较丰富的经验、资历以及突出的专业技能，能对组员的技能发展有清晰的思路，能提供专业的培训、指导。这种情况下，教练一般不参与具体的执行活动，只是作为一个观察者、管理者，主动对组员的表现给予点评和改善意见，并提供针对性的训练。顾问式团队中顾问与教练同样具有丰富的经验、资历以及突出的专业技能，不同的是顾问的角色离团队更远，组员在有问题需要帮助的时候才去寻找顾问咨询、解决问题。这种方式适合较大数量的、不确定是否存在问题的团队。伙伴式团队中分工比较明确，并且崇尚一种平等、合作的氛围。即使是管理人员与普通的一线员工也是如此。这种模式适合比较成熟的团队，团队有规范的流程（不成文的共识亦可），成员都能清楚自己的责任并有能力完成自己的工作。

创业团队是由少数具有技能互补的创业者组成，他们为了实现共同的创业目标、为达成高品质的结果而努力。大学生创业团队，是一个具有创新意识、拥有共同目标、有着不同专业知识背景的协作共同体。因此，创业阶段的团队应该是以上几种模式的混合。简言之，核心成员之间采用伙伴式团队比较合适，这个依靠的是默契和信赖。

（二）创业团队的组建

创业团队的组建，首先应当有明确的目标。即所组建的团队应确定要做什么、要开发什么产品。其次应当合理选择团队成员。在选人方面要考虑到队员的年龄互补、知识互补、能力互补、性格互补、气质互补、性别互补等方面，从各个专业挑选人才，因为不是每一个人都适合创业。在选择队员时不仅要考虑能力和技能，还要考虑队员的个人偏好和个性。创业团队每个成员的个性对团队行为都有很大影响。如果队员性格普遍外向、待人随和、责任心强、感情稳定，那将是团队的一笔大财富。如果团队成员很灵活，可以担任彼此的工作，这将极大地提高团队的适应性，使团队之间的依赖性减少。因此。在选择队员时要选择那些具有灵活性的队员，然后对队员进行交叉培训，让创业团队的每个队员都对各方面的知识有所涉猎，让他们可以承担彼此的工作，使团队的长远绩效得以提高。最后应当进行有效管理。团队需要时间来发展和不断改进，团队运行过程中，就战略目标而言，将分析团队的愿景是否和各个成员相匹配作为重要事项；就具体执行的目标而言，让团队成员知道每月、每周要做哪些事情。通常情况下，这个问题可以通过开会来解决。比如，团队在每周开始前花30分钟左右时间，就运营、产品、研发开个碰头会，确定一下本周的目标，接下来认真执行。团队应该通过不断的讨论来取得进步，而不是在短时间内解决所有问题，不能指望很快就能成为成功的团队。

总体来说，早期创业团队的组建，应当坚持“三个一”，即：一个核心、一个共同愿景、一个产品。一个核心指的是团队只能由一个人最后拍板，过于民主会丧失效率，同时激化内部矛盾；一个愿景，指团队所有人都明白公司的愿景，只有愿景一致，大家努力的方向才能保持一致；一个产品，则是指创业团队早期做产品时数量不能太多，宜把一个产品、一件事情做精。

（三）创业团队对创业的重要性

团队创业与个体创业相比具有多方面的优势：

（1）集体合作的结果优于个人成果的加总；

（2）由于人们信息的掌握不完全，个人无法发挥最大的潜能，而团队间的信息共享能有效解决这一问题；

（3）团队比个人更具有创造性。

此外，团队还能充分协调成员间的关系。团队的主要价值在于人们能够相互配合，贡献各自的力量，从而提高整个团队的工作效率。

创业团队对创业成功起着举足轻重的作用，是新企业通向成功的桥梁。

（1）机会识别能力较强

创业团队能够获得更为科学的机会评价标准，具有更大的可能性认知创业机会的必要信息，也利于实现对机会的共同认知。

（2）机会开发能力较强

创业团队可以比较不同的开发方案，从而避免失误，团队成员利用社会联系可以有效获得机会开发所需的资源，团队成员的经验积累可以增加开发成功的可能性。

（3）机会利用能力较强

创业机会的利用有两种方式：一是自己利用，二是出售。创业团队在自己利用机会方面有优势，具体表现在：在思考重大决策和企业战略的时间上有保证；团队成员共商创业大计，避免个人臆断，确保创业方案稳定。

二、创业团队的特征

（一）创业团队与一般群体的差别

团队与群体的根本差别在于：团队中成员所做的贡献是互补的，而群体中成员之间的工作在很大程度上是互换的。这具体表现在：

（1）团队成员对团队目标完成情况一起承担责任，同时承担个人责任，而群体的成员只承担个人责任。

（2）团队的绩效评估以团队整体表现为依据，而群体的绩效评估以个人表现为依据。

(3) 团队的目标实现需要成员间彼此协调且相互依存，而群体的目标实现却不需要成员间的相互依存。此外，团队较群体在信息共享、角色定位、参与决策等方面也进了一步。

因此，团队是群体的特殊形态，是一个为了实现某一目标而由相互协调、相互依赖并共同承担责任的由个体组成的正式群体。

(二) 创业团队与一般团队的差异

(1) 团队的目的不同。初创时期的创业团队建设的目的在于成功地创办新企业，随着企业成长，创业团队可能会发生成员的变化。新组建的高管团队是创业团队的延续，其目的在于发展原来的企业或者开拓新的事业领域。然而，一般团队的组建只是为了解决某类或者某种特定问题。

(2) 团队成员的职位层级不同。创业团队的成员往往处在企业的高层管理者位置，对企业重大问题产生影响，甚至关系到企业的存亡。而一般团队的成员往往是由一群能解决特定问题的专家组成，其绝大多数也并不处于企业高层位置。

(3) 团队成员的权益分享不同。创业团队成员往往拥有公司股份，以便团队成员负有更大的责任，而一般团队未必要求成员拥有股份。

(4) 团队关注的视角不同。创业团队成员关注的往往是企业全局性的、战略性的决策问题，而一般团队成员只关注战术性或者执行层面的问题。

(5) 成员对团队的组织承诺不同。创业团队成员对公司有一种浓厚的情感，其连续性承诺（由于成员对组织投入而产生的一种机会成本，足以产生让成员不离开组织的倾向）、情感性承诺（个体对组织的认同感）和规范性承诺（个人受社会规范影响而不离开组织的倾向）都较高，而一般团队其成员的组织承诺并不高。

(三) 创业团队的具体特征

一个良性运转的高绩效团队必然具备一些显著的特征，而正是由于这些特征，一个组织才能称为团队或高绩效团队。

1. 目标清晰

高效的团队对要达到的目标有清楚的了解，并坚信这一目标包含着重大的意义和价值。而且，这种目标的重要性还激励着团队成员把个人目标升华到团队目标中去。

2. 技能互补

高效的团队是由一群有能力的人组成的。他们具备实现理想目标所必需的技术和能力，而且相互之间有良好合作的个性品质，从而能够出色完成任务。

3. 沟通良好

成员之间通过畅通的渠道交换信息，相互之间能迅速、准确地了解一致的想法和情感。管理层与团队成员之间的信息反馈，也有助于管理者指导团队成员，消除误解。

4. 承诺一致

团队成员对群体具有认同感，把自己属于该群体的身份看作是自我的一个实现。因此，有经验显示，承诺一致的表现是对团队目标的奉献精神，愿意为实现目标而调动和发挥自己的最大潜能。

5. 恰当领导

高绩效团队领导者往往担任的是教练和后盾的角色，他们对团队提供指导和支持，但并不试图去控制它；他们会激发团队成员的自信心，帮助他们更充分地了解自己的潜能。

6. 相互信任

团队成员之间相互作用、直接接触，彼此相互影响，形成一种默契、关心和信赖，不论何时，不论需要怎样的支持，成员之间都相互给予，彼此协作，共同完成团队的目标。

三、创业团队的管理

（一）创业团队管理的重点

创业团队管理的重点是在维持团队稳定的前提下发挥团队多样性优势。

1. 创业团队的基础管理：团队稳定的维持

个人英雄主义的时代已经过去，创业需要的是团队的协作和分工，创业的过程总体来说还是人的活动，需要整个团队共同努力，因此保持团队的稳定对创业的成功起着至关重要的作用。创业团队稳定主要表现在：团队成员稳定、成员岗位稳定、收入增长稳定（稳定增长）、成员情绪稳定、成员之间以及成员与团队的关系稳定五个方面。

维持团队稳定的方法主要有四种：第一，用事业稳定团队。创业团队领袖可以通过提供奋斗的平台、机制、氛围，不断支持和鼓励团队成员，对出色成员给予表扬和奖励，大力宣传突出的贡献和成果，从而增强团队成员的成就感、自豪感等。第二，用感情稳定团队。具体可以建立和谐的创业团队成员关系和深厚友谊，真心关怀团队成员的工作、成长、家庭，解决成员的困难等。第三，用文化稳定团队。建立积极健康、充满活力的团队文化，确定充满挑战和社会价值的愿景目标，树立崇高的团队价值观、人生观、世界观，积极开展团队活动，增强员工归属感和凝聚力等。第四，用福利稳定团队。这具体表现为：确保团队成员的薪酬有竞争力并稳定增长，提供安心的社会保障、生活保障，提供合理的假期和休闲活动，提供生日、纪念日礼物以及举办庆祝活动等。

2. 创业团队的重点管理：团队多样性优势的发挥

现代组织理论中，异质性被描述为“双刃剑”。创业团队的异质性也如此。一方面，团队异质性能使团队成员获得多重资源和技术，进而提高团队绩效和团队决策质量；另一方面，团队异质性也会使异质成员间不协调的分工阻碍团队互动，降低成员满意度及组织认同感，进而引起冲突，并影响团队绩效。因此，创业团队管理者应该特别重视团队多样性优势的发挥。创业团队的多样性可以使其充分地实现各方面的互补。创业者知识、能力、心理等特征和教育、家庭环境方面的差异，容易对创业活动产生不利影响，创业者可通过组建创业团队来发挥各个创业者的优势，弥补彼此的不足，从而形成一个知识、能力、性格、人际关系资源等全面具备的优秀创业团队。

（二）创业团队管理的策略

1. 强化目标

团队必须有明确的目标，从宏观层面说是战略目标——让团队成员知道我们这个团队要做什么，我们的产品是什么，看看团队的愿景是否和各个成员相匹配；从微观层面说是具体执行的目标——让团队成员知道每月、每周要做哪些事情。为团队设定目标，并清晰地描绘在未来几周或几月或几年想要完成的事情，里程碑图能描述成员的表现。

2. 营造氛围

发挥团队文化塑造价值和传递价值的双重作用，能够深入员工内心，使员工紧密团结，荣辱与共。及时消除团队内耗，营造一个相互帮助、相互理解、相互激励、相互关心的工作氛围，有利于稳定员工的工作情绪，激发工作热情，形成共同的价值观。

3. 加强沟通

沟通是指人与人之间、组织与组织之间的信息交流。团队领头人，要信任下属，充分授权，培养员工的成就感；要开诚布公，利用多种方式，让每位成员充分了解组织内外信息，解释团队做出某项决策的原因，鼓励员工发表自己的看法，做到充分沟通、坦诚相待、客观公平。

4. 增强信任

团队的尊重与信任包括两重含义：一是特定团队内部的每个成员都能够相互尊重和彼此信任；二是组织的领袖或团队的管理者能够为团队创造一种相互尊重、彼此信任的氛围，确保团队成员有一种完成工作的自信心。人们只有彼此尊重和信任对方，团队工作才能比这些人单独工作更有效率。

5. 建立归属感

应该在员工清楚自己角色的基础上，留住员工的心，增强员工的归属感。组织应积极帮助员工进行职业生涯规划，让员工更好地规划自己的人生。只有员工更好地开发自己的潜能，实现自我价值，才能为团队带来更多的价值。

（三）创业团队功能的强化

创业的成功不仅是自身资源的合理配置，更是各种资源调动、聚集、整合的结果。创业团队是由很多成员组成的，团队成员在团队里扮演的角色不同，对团队完成既定的任务所发挥的作用也不同。

（1）不同角色对团队的贡献。不同角色在团队中发挥着不同作用，因此，团队中不能缺少任何角色。一个创业团队要想紧密团结在一起，共同奋斗，努力实现团队的愿景和目标，各种角色的人才都不可或缺。例如，创新者提出观点，实干者执行计划，凝聚者润滑调节各种关系，信息者提供支持的武器，协调者协调各方利益和关系，推进者促进决策的实施（没有推进者效率就不高，推进者是创业团队进一步发展的“助推器”），监督者监督决策实施的过程，完美者注重细节，强调高标准（没有完美者的团队的线条会显得比较粗，因为完美者更注重的是品质、标准）。

（2）团队角色搭配。团队当中有不同的角色，角色和角色配合的时候，也会存在着若干问题，在角色搭配的时候需要特别注意以下几点：

第一，创新者碰到协调类的上司，这时他们间的关系应该没有问题，因为协调者善于整合各种不同的人一起去达成目标；但如果创新者碰到实干类的上司往往就会不太理想，因为实干者喜欢按计划做事，不喜欢变化。

第二，作为同事，创新者和凝聚者之间不会有问题，因为凝聚者擅长协调人际关系；但如果一个创新者碰到另一个创新者同事，这时两人会围绕着各自的立场和观点展开争论，内耗也就可能出现。

第三，创新类的领导，如果碰到一个实干类的下属会很高兴，因为有人在帮他把具体的工作往前推，正好是一种互补；但要碰到一个推进类的下属，他们间的矛盾可能就会激化。

第四，两个完美者在一起，可能作为上司的完美者并不欣赏作为下属的完美者，因为完美者永远觉得自己的标准是最高的，很难接受别人的标准；但如果完美者碰到实干者同事，往往彼此间很欣赏；如果碰到一个信息类的上司，完美者下属与他就会有一些冲突，因为信息导向者对于外界的新鲜事物接受很快，而完美者主张必须有 120%的把握才去做，他们会对要不要采取新的方式和方法产生矛盾。

在了解不同的角色对团队的贡献以及各种角色的配合关系后，就可以有针对性地选择合适的人才，通过不同角色的组合来达到团队的整合。由于团队中的每个角色都有优点和缺点，领导者要学会用人之长、容人之短，充分尊重角色差异，发挥成员的个性特征，找到与角色特征相契合的工作，使整个团队和谐，达到优势互补。优势互补是团队搭建的根基。

【案例分析】

团队的精髓

《西游记》中的唐僧团队，虽然是虚拟的，但是师徒历经千难万险求取真经的故事，不仅家喻户晓，而且成为中国文化的集中代表。这个团队最大的优势就是互补性。领导有权威、有目标；员工有能力，目标不够明确，有时还会开小差。但是总体来看，这个团队是个非常成功的团队，虽然历经九九八十一磨难，但最后修成了正果。一个坚强的团队，基本上要有四种人：德者、能者、智者、劳者。德者领导团队，能者攻克难关，智者出谋划策，劳者执行有力。

德者居上——对于大企业的领导人来说，要有意识地淡化自己的专业才能，用人唯能，攻心为上。锐圆曾言道，大老板只要求有两项本事：一是胸怀；二是眼光。有胸怀就能容人，刘备胸襟小点，眼里就只有自己那两个把兄弟，后来才有“蜀中无大将，廖化为先锋”之说；曹操雅量大点，地盘实力也就大点，到他儿子就有改组汉朝“董事会”的能力。目光如炬，明察秋毫，洞若观火，高瞻远瞩，有眼光就不会犯方向性的错误。

智者在侧——猪八戒之所以需要“八戒”，因为他从不掩饰自己的个人要求和欲望，对自己的权益十分重视，是一头自由主义的特立独行的猪。他不会头脑发热，不会被“普度众生”这样鲜明的公共理想煽动，他认为成佛远不如做高老庄的女婿潇洒，他的理念立场基于个体生命真实感觉，没有专心取悦于唐僧的动机；他从不忽视自己言论自由的权利，取经路上议论风生，而且多是反对意见——这是关键的关键。

能者居前——孙悟空是受控的能者。孙悟空是优秀的职业经理人，他的才能吴承恩先生已做完整的表述。需要关注的是他和唐僧（总经理）以及观音（执行董事，资方代表）的信用关系。唐僧在领导孙悟空时，紧箍咒作为最后手段，虽然也用过，但孙悟空从来没有因为要放弃自己保卫唐僧的责任而被实施紧箍咒。唐僧也没因为有了紧箍咒，事事处处表现自己的控制欲。

劳者居其下——沙僧包括白龙马是接近领导的工作人员。如果说猪八戒和孙悟空还有缺陷的话，沙僧完全可以打100分，大多数人爱在领导身边说些闲言碎语，最难做到的就是闭嘴不叫，沙僧同志做到了。

观音为唐僧配备的人才少而精，并建立了有效的制约机制。唐僧直接管理孙悟空，但只能在孙悟空突破底线时才动用紧箍咒，平时则让其充分发挥能动作用；孙悟空对猪八戒在具体工作上有管理权力，但他也限制不了猪八戒的言论自由，他自己的行为反而受到猪八戒的舆论监督；猪八戒虽然有“散伙回家”的思想，但有孙悟空的金箍棒，思想不能转化为行动；沙和尚作为“办公室主任”，管理行李和白龙马，对一线事务从不插嘴，使得团队既和谐又有创造力。

【课堂活动】

内容：从多个角度思考问题。

目的：通过把问题放在不同的环境中进行思考，即从多个角度思考问题，从而发现新的想法。

题目：站报纸。

要求：想出一个办法，把一张报纸铺在地上，不允许把报纸剪开或者撕开，两个人面对面地站着，却碰不到对方。

思路：两个人站在门口，把报纸放在门下，一个人站在门里面，一个人站在门外面。

【课后思考实践】

1. 在团队组建中，创业成员的基本素质考察主要从哪些方面着手？
2. 试述创业团队的重要性。
3. 假设你选择创业，你认为在创办企业初期，员工管理主要包括什么？
4. 优秀的创业团队管理的策略包含哪些？

第二节　创业计划

一、创业计划的内容

（一）创业目标与创业计划

目标就是一个人做事想要达到的境界和标准。有的目标是根据自己的向往或需要而设定的，有的目标是根据社会意识形态和社会标准建立的。创业目标是创业者在创业过程中努力争取想要达到的预期结果。创业目标落实到具体行动上，便构成了创业计划。创业计划是为了顺利实现创业目标而在创业实践活动开始之前制定出来的一系列实现创业目标的中介手段。

1. 创业计划需要阐明新企业在未来要达成的目标

一般说来，创业目标必须明确，要求既能切合实际，又能付诸实践。目标过高或过低，都会影响到创业的成功。创业目标需要包括“干什么”“怎么干”“预期结果可能会怎样”三方面的内容，这是创业内容顺利展开的前提。创业目标确立并经过充分论证后，创业者就应着手制订创业计划。创业计划是创业者实现创业目标过程中合理设计的一种规划。创业计划的合理制订对于创业者分步骤、分阶段实施创业目标的作用很大。一个成功的创业者，不仅要确立合理的创业目标，还应学会科学制订创业计划；没有规划的创业目标往往易使创业者忽视创业的时间观念和创业过程的实效性。所以，创业者需要把创业目标逐步分解，准确地把握每个创业阶段的不同任务，从而最终实现创业目标。

2. 创业计划需要阐明如何达成创业目标

创业目标是抽象的，不便于直接操作，但创业计划是具体的，可操作的。一份好的创业计划就是一个创业的可行性报告。计划的制订建立在对自己创业条件和能力分析的基础上，展示了创业者的能力和决心。一份好的创业计划，应该包括创业目标的制定和实现目标的措施。制订创业计划是一个将创业目标所包含的全部内涵逐一分解、层层细化直至便于操作的过程。这样，创业过程实际上便成为实施计划的过程，而制订创业计划又变为明确创业目标、落实创业措施、提升创业成功率的过程。

（二）创业计划的核心内容

1. 产品（服务）创意

创意就是打破陈规，不循规蹈矩，触及而发，无中生有，产生具有新颖性和创造性的想法。产品（服务）创意，是指创业者从自己的角度考虑向市场提供可能的产品（服务）的构想。这种构想既迎合市场本身的需求，也体现创业者或研发者自身的创造研发能力。一般来说，一个好的产品（服务）创意往往能够带动本行业的改革和创新，对一个行业的发展有着重要意义。在产品介绍时，创业者要对产品做出详细的说明，说明不仅要准确，还要通俗易懂，使非专业的投资者也能明白。一般来说，产品（服务）介绍都要附上产品原型、照片或者其他介绍。

2. 创意价值合理性

价值合理性是德国社会学家马克思·韦伯（Max Weber）研究人的行为时提出的，它是指由宗教、伦理、道德、审美一类价值意识决定的行为，是一种对经济事实的价值判断。创意价值合理性是通过个人内心与众不同的想法，创造出蕴含在企业产品（服务）中某一方面的价值，同时对此价值做出合理的判断。

3. 顾客与市场

顾客需求是公司实施战略管理规划的最关键的因素，是市场营销工作的核心。公司通过对各种内外部资源进行有效整合，及时按照顾客对产品和服务的不同需求进行市场细分，确定目标市场。在为顾客提供产品和服务的过程中，公司不断倾听顾客的声音，挖掘顾客的真正需求，并将之转化为技术要求，实现产品和服务的持续改进，提高顾客的满意度和忠诚度。

4. 创意开发方案

企业对新产品创意开发的方案一般有两种：

第一种是对原产品进行改进，包括：①改进原产品的质量属性，即改善原产品的功能特性，提高原产品的耐用性和可靠性。②改进原产品的特色，即从尺寸、重量等方面增加产品的新特色。这种方式耗费少，收益大，但极易被模仿。③扩大产品的使用功能及多方面的适用性，使产品除具有基本功能之外，还有相应的附加功能，使其真正成为复合型产品，使消费者享受到更多的使用价值和附加利益。④改进原产品的式样，即通过改变产品的外观、款式、包装等外在内容来增强美感，吸引更多顾客的眼球。⑤改进服务。众所周知，产品不仅包含有形的产品，也包括无形的服务。任何时候把服务放在第一位总是对的。因此，改进服务质量也成为产品改进的一部分。

第二种是自行研究设计新产品，包括：①从基础理论的研究开始，经过一系列的应用研究和开发研究，试制出新产品，并投放到市场中。②借鉴已有的基础理论，这种方式较前一种方式的耗费要少。③运用已有的基础理论和研究成果进行开发性研究。这种方式较前两种耗费的人力和物力更少，且往往在落后赶超先进的时候十分有效。通过引进技术或者移植生产，可以极大地节省开展新的技术研究活动耗费的大量时间和成本。

5. 竞争者分析

竞争者分析是指企业通过某种分析方法识别出竞争对手，并对他们的目标资源市场力量和当前战略等要素进行评价。其目的是准确判断竞争对手的战略定位和发展方向，并在此基础上预测竞争对手未来的战略，准确评价竞争对手对本组织的战略行为的反应，估计竞争对手在实现可持续竞争优势方面的能力。对竞争对手进行分析是确定组织在行业中的战略地位的重要方法。

竞争者分析一般包括以下五项内容：①识别企业的竞争者。识别企业竞争者必须从市场和行业两个方面分析。②识别竞争对手的策略。③判断竞争者的目标。④评估竞争者的优势和劣势。⑤判断竞争者的反应模式。

6. 资金和资源需求

创业计划的实现需要启动资金和资源。启动资金用来支付场地（土地和建筑）、办公家具和设备、机器、原材料和商品库存、营业执照和许可证、开业前广告和促销、工资以及水电费和电话费等费用。这些支出可以归为两类：投资（固定资产）和流动资金。

7. 融资方式和规划

制订创业计划之后，创业者需要第一笔资金开始他的创业计划，这时往往需要进行融资。所谓融资，就是指企业资金筹集的行为与过程，即公司根据自身生产经营状况、资金拥有状况以及公司未来经营发展需要，通过科学预测和决策，采用一定的方式，通过一定的渠道向公司的投资者和债权人筹集资金、组织资金的供应，以保证公司正常生产需要和经营管理活动需要的理财行为。

8. 如何获取回报

获取回报是创业计划的关键部分，是创业投资者十分关心的问题。它主要是指：投资人在面对资金需求及资本结构构成时，为保证项目实施，需新增投资是多少；新增投资中，需投资方投入多少，对外借贷多少，企业自身投入多少；对外借贷、抵押或担保措施是什么；投入资金的用途是什么，以及可以得到的回报大小如何；预计未来3~5年平均每年净资产回报率是多少，投资方以何种方式收回投资，具体方式是什么等。任何投资中，影响企业价值评估的财务情况总是投资人最关心的问题。

（三）创业计划的调整

制订周密的创业实践计划，应该以创业目标为依据。制订创业实施计划的目的是配置资源、协调诸方面关系、提高创业实践的针对性和整个创业活动的效益。在创业实践中，创业计划的类型较多。根据实际创业条件和情况，可以在创业活动具有战略性、纲领性的指导意义的前提下，制定为实现长期目标而拟定的重要行动步骤、分期目标和重大措施。但如果条件发生变化，则当初计划中制定的行动步骤和措施也需要进行相应的调整，更进一步，为了让目标更明确，还可以制订出年度计划、季度计划、月度计划等。另外，根据企业生产经营内容不同，企业各方面的计划包括财务计划、基建计划、广告宣传计划都需要根据目标的变化及时做出调整。计划只是目标落实到纸上的一个框架，制订出来以后，随着外界条件发生变化，需要及时进行调整，以使生产随时符合外部市场环境的要求。

二、创业计划的基本结构

创业计划应当尽可能地充实，为潜在的投资者描绘一幅完整的企业蓝图，使他们对新的风险企业能有更多的了解，并帮助创业者深化对企业经营的理解。一般来说，一份完整的创业计划应包括导言、行业分析、公司的情况、管理、投资说明、风险因素、投资回报、经营分析与预测、财务报告、附录等部分。下面详细介绍各个部分应包含的信息。

（一）导言

导言是对创业计划内容所做的简要概括，包括企业的名称和地址、创业者的姓名和通信地址、企业的性质、企业经营范围、对所需筹措资金的陈述以及对报告机密性的陈述。

（二）行业分析

行业分析是指根据经济学原理，综合运用统计学、计量经济学等分析工具对影响行业经济的各种要素进行深入的分析，从而发现行业运行的内在经济规律，进一步预测未来行业发展的趋势。它对指导行业内企业的经营规划和发展具有决定性的意义，它主要包括对将来的展望、发展趋势分析、竞争者分析、市场分析以及行业预测。

（三）新企业的描述

新企业的描述包括对新企业所生产的产品或提供的服务、规模、办公设备、员工、管理者以及研发状况的描述。

（四）生产计划

生产计划是指在可用资源条件下，企业在一定时间内生产什么、生产多少、什么时间生产，具体包括生产产品的制造过程、所需具备的厂房、机器和设备以及原材料采购供给。

（五）营销计划

市场营销计划主要包括产品计划、价格计划、销售渠道计划、储运计划、促销计划、市场信息计划、市场调查计划、市场拓展计划、营销费用预算计划、综合营销计划等。企业的营销计划，是企业“正确地做事”的指导思想。

（六）组织计划

组织与管理对创业的成败至关重要。一般来说，一个人员结构合理、组织设计适宜、管理与技术及营销水平较高的创业团队，是更容易获得创业成功的。从创业来看，一个创业团队需要三方面的优秀人才：优秀的管理者、优秀的技术人员、优秀的营销人员。因此，创业者需要认真考虑创业团队的构成，并在创业计划中很好地描述出来，这样既能够获得更多人的支持，也能够提高本身创业成功的信心。组织计划包括组织的所有权形式、合作者或主要股权所有人、负责人的权力、管理团队的构成、组织成员的角色和责任。

（七）风险因素

为了使创业计划更完善，必须有风险描述部分。进行风险分析是确认投资计划的风险并以数据方式衡量风险对投资计划的影响的过程，目的是向投资者说明控制和避免风险的策略。企业内部风险包括管理风险、生产风险、经营风险、雇员风险（对关键雇员的依赖程度）；企业外部风险包括资源风险（供应商风险）、市场风险和政策风险等。

（八）财务计划

财务计划包括资产负债预估表、损益预估表、现金流量表、盈亏平衡分析、资金的来源和运用。

（九）投资回报

投资回报主要考虑创业投资回报率的问题。如创业项目能带来多少利润，投资回报率比投资国债或购买企业债券所获利息率高多少，需要多长时间才能收回本钱，该项目的机会成本是多少。考虑到创业可能面临的各项风险，合理的投资回报率应该在25%以上。一般而言，15%以下的投资回报率是不值得考虑的。

（十）附录

附录包括市场研究材料、租约或合同、供应商和竞争者的报价单、产品的有关报道、样品、图片、荣誉等。

三、创业计划的问题和困难

（一）知识限制

创业需要企业注册、管理、市场营销与资金融通等多方面的丰富知识。如果对目标市场和竞争对手情况了解甚少，在缺少相应知识储备的情况下，创业者在残酷的市场竞争中将处于劣势。创业需要创业者在实际操作中把自己的知识与所创事业有机结合起来，但是很多创业者眼高手低，当创业计划转变为实际操作时，才发现自己根本不具备解决问题的能力，这样的创业无异于纸上谈兵。同时，在撰写创业计划书时，许多创业者无法把自己的创意准确而清晰地表达出来，缺少个性化的信息传递方法，或者采用的数据经不起推敲，没有说服力。

（二）经验缺乏

经验是从多次实践中得到的知识或技能。创业需要有管理经验、对市场开拓的经验、营销方面的经验等。大学生有理想、有抱负，但容易眼高手低，很多人没有任何实际经营经验，在这种情况下，本着“摸着石头过河”的战略方针开始创业之路，其过程中的一个个小问题如果没办法及时有效地解决，很容易变成一颗颗“炸弹”，一旦爆发，也就宣告该次创业失败。

（三）心态问题

创业者空有创业激情，心理准备不足。从创业失败的情况看，许多创业者热情很高，但缺乏吃苦耐劳和坚持不懈的精神。尤其大学生创业群体受年龄及阅历等方面的限制，对创业风险没有清醒的认识，缺乏对可能遭遇到风险和失败的必要准备，并且，在创业时如果缺乏前期市场调研和论证，只是凭自己的兴趣和想象来决定投资方向，结果注定失败。创业首先要有风险意识，要能承受住风险和失败，其次还要有责任感，要对公司、员工、投资者负责。另外务实精神也必不可少，创业者必须踏实做事。

（四）创新能力薄弱

创新能力，也称为创新力，是运用知识和理论，在科学、艺术、技术和各种实践活动领域中不断提供具有经济价值、社会价值、生态价值的新思想、新理论、新方法和新发明的能力。创新能力是企业竞争的核心力，创新能力并不意味着要斥巨资开发出划时代的新技术。大学生创业企业既没有这样的资源条件，更没有时间。大学生在创业过程中，一方面由于风险比较大，不具备进行产品（服务）技术创新的条件；另一方面，缺少专业性人才对产品（服务）进行升级换代的研究，同时缺少资金使得企业用于创新和研发的经费很少，导致企业创新能力薄弱。

（五）资金问题

资金是企业经济活动的第一推动力，是经营企业的本钱。大学生要想凭借自己的技术或创意获得应有的回报，就必须解决好资金的筹措问题。万事开头难，如果资金不足，那么创业就更难。目前，大学生创业缺资金少经验是普遍存在的问题，表现为急于得到资金，给小钱让大股份，贱卖技术或创意。另外也表现为对风险投资不负责任，“烧”别人的钱圆自己的梦。

除此之外，社会的大环境也让大学生创业感到有些艰难。创业所需的各种服务比如律师事务所制度、会计师事务所制度等还不完善。

四、创业计划书的编写

一个创业计划通常包括公司介绍、主要产品和服务范围、市场概貌、营销策略、销售计划、市场管理计划、管理者及组织、财务计划、资金需求等情况。现就编写创业计划书的部分要点问题概括如下：

（一）摘要（执行总结）

摘要（执行总结）是整个创业计划书的概括性总结，通常计划书的读者在阅读了创业计划书的摘要（执行总结）后，对此份创业计划书是否再有兴趣读下去已做出判断。在摘要（执行总结）中通常要简单回答以下问题：

（1）创业企业所处的行业、企业经营的性质和范围。

（2）主要产品的内容。

（3）创业企业的市场在哪里，谁是新企业的顾客，他们有哪些需求。

（4）创业企业的合伙人、投资人是谁。

（5）创业企业的竞争对手是谁，竞争对手对企业的发展有何影响。

（二）产品（服务）介绍

在进行投资项目评估时，投资人最关心的问题就是创业企业的产品、技术或服务在多大程度上能够解决现实生活中的问题，或者创业企业的产品（服务）能否帮助消费者节约开支、增加收入，能否节约能源。因此，产品（服务）介绍是创业计划书中不可缺少的内容。

在产品（服务）介绍部分，企业家要对产品（服务）做出详细的说明；说明要准确、通俗易懂，使得非专业型的投资者也能明白。产品介绍最好附上产品实物照片或其他资料。在产品（服务）介绍中通常要回答以下问题：

（1）消费者希望产品（服务）能解决什么问题，消费者能从企业的产品（服务）中获得什么好处。

（2）与竞争对手相比创业企业的产品有哪些优点，消费者为什么会选择本企业的产品。

（3）你为自己的产品（服务）采取了何种保护措施，拥有哪些专利、许可证，或与已经申请专利的厂家达成了哪些协议。

（4）为什么产品定价可以使创业企业产生足够的利润，为什么消费者会大批量购买本企业的产品。

（5）创业企业采用何种方式改进产品的质量、性能，企业对发展新产品有哪些计划等。

在产品介绍中，虽然夸赞自己的产品是推销所必需的，但应注意，企业创业计划书中的每一项承诺，都要努力去兑现。

（三）人员及组织结构

一支有战斗力的创业管理队伍的成员应该是互补型的，而且要具有团队精神。创业企业通常要求具备负责产品设计与开发、市场营销、生产作业管理、企业理财等能力的专业人员。

除此之外，还应对公司的组织结构进行简要介绍，提供公司的组织结构图、各部门的功能与责任、各部门的负责人及主要成员、公司的报酬（分配）体系、公司的股东名单、公司的董事会成员、各位董事的背景资料等。

（四）市场预测

市场预测是对将来商品的供求变化、相互关系以及各种影响因素的变化进行估计和预算。开展市场预测的意义和作用有：市场预测是制定企业发展战略的依据；市场预测是选择目标市场的重要前提；市场预测是提高企业竞争能力和市场反应能力的手段。

市场预测的内容如下：

1. 市场需求预测

用专门的手段和方法（通常用统计学的方法），对市场需求、消费者购买力、商品价格的变动趋势、商品市场的寿命周期、市场的占有率、营销的发展趋势、产品所需的资源等进行预测。

2. 市场预测的程序

第一，确定预测目标，包括预测的内容、范围、要求、期限等。

第二，拟订预测方案，包括根据预测目标的内容和要求，编制预测计划，确定参加人员。

第三，收集整理资料，包括通过各种调查方式收集、整理、筛选、分析与主体有关的资料。

第四，建立预测模型，包括选择适当的预测方法和评估方法，确定经济参数，分析各种变量之间的关系，建立反映实际的预测模型。

第五，进行分析评估，包括利用选定的预测模型和方法，对各种变量数据进行具体计算，并将结果进行分析、检验和评价。

3. 预测方法

预测方法包括：经验判断预测法（凭借直觉、主观经验和综合判断能力）；德尔菲法；时间序列分析预测法；因果分析预测法。

（五）营销策略

影响营销策略的主要因素有消费者的特点、产品的特征、企业自身的状况和市场环境。在创业计划书中，营销策略主要包括市场结构和营销渠道的选择、营销队伍和管理、促销计划和广告策略、价格决策等。

（六）（生产）制造计划

创业计划书中的生产制造计划主要包括产品制造和技术设备现状、新产品投产计划、技术提升和设备更新的要求、质量控制和质量改进计划。通常，生产制造计划要求回答以下问题：

（1）生产制造所需的厂房、设备情况如何。

（2）怎样保证新产品在进入规模生产时的稳定性和可靠性。

（3）谁是原材料供应商。

（4）生产线的设计与产品组装是怎样的。

（5）供货者的前置期和资源的需求量如何。

（6）生产周期标准的制定以及生产作业计划的编制。

（7）物料需求计划及其保证措施。

（8）质量控制的方法是怎样的。

（9）其他相关问题。

（七）财务计划

财务计划需要花费较多的时间和精力，编制财务报表，专业性较强。在财务计划中，通常要回答以下问题：

（1）产品在每个（会计）期间发出量有多少。

（2）什么时候开始产品线的扩张。

（3）单位产品的生产费用是多少。

（4）单位产品的定价是多少。

（5）使用什么分销渠道，所预期的成本和利润是多少。

（6）需要雇用哪几种类型的人员，雇用何时开始，工资预算是多少。

在计划书的财务计划中还应提供的资料有创业计划书的条件假设、预期的资产负债表、预期的损益表、现金收支分析、资金的来源与使用分析。

五、创业计划书的展示技巧

一份好的计划书可以吸引投资者或者潜在投资者对这一项目的关注，而要达到这一目的，一方面需要合理安排创业计划书的内容，另一方面需要在展示的过程中利用一些技巧，从而可以使投资者在最短的时间内了解这一项目的基本内容。通常，就内容而言，在展示计划书的过程中需要注意以下方面：

（一）创业计划书应适当简短

创业计划书除了要求对准备创业计划的目的、过程和结果进行全面描述外，还要求简短，尽量避免长篇赘述，要做到主题突出。

（二）创业计划书的结构要有逻辑性，可以进行适当包装

创业计划书中的目录、执行摘要、正文等内容之间都有很强的连贯性和逻辑性，在书写的过程中要注意内容之间相互呼应，不得出现相互矛盾的现象。同时，对于创业计划书的装订也可以进行适当的包装，但要体现庄重、大方，不要过度修饰、喧宾夺主。

（三）创业计划书中的预测数据要突出、合理

计划书不是对已经发生的事情的描述，而是对项目的预期收益进行阐述，通过对投资回收期、投资报酬率等指标的计算和预测来说明项目投资的价值。但提供的预测数据也要有根据，令人信服，避免夸大其词。

除了在书面内容方面要注意展示的技巧外，创业计划书有时候还需要与投资者进行面对面的交流，在这个过程中也需要注意展示的技巧。

创业计划书兼具演讲和报告的双重特点，一方面要求内容准确和严谨，另一方面也要求具有一定的鼓动情绪的作用，激情在创业计划展示中发挥着重要的作用。在面对面进行展示的过程中，一方面要字正腔圆，表情丰富，动作优美，感情充沛，另一方面要以理服人。

六、企业计划的作用

创业计划是创业的行动导向和路线图，是大学生或者企业面向投资者推销宣传自己的工具和企业对内部加强管理的依据。它的作用体现在：

（一）为创业者行动提供指导和规划

在创业融资之前，创业者需要有一个合理的规划，从而形成创业计划。创业需要创业者以认真的态度对自己所有的资源、已知的市场情况和初步的竞争策略做详尽的分析，并构思出一个初步的行动计划，做到心中有数。对初创的风险企业来说，创业计划尤为重要，一个酝酿中的项目，往往很模糊，通过制订创业计划，把所思所想条理清楚地记录下来，然后再逐条推敲，会使创业者对创业项目有更加清晰的认识，还为创业资金的形成和风险分析预先有所准备。

（二）帮助创业者凝聚人心，进行有效管理

一份完美的创业计划书可以增强创业者的自信，使创业者明显感到对企业更容易控制、对经营更有把握。因为创业计划提供了企业全部的现状和未来发展的方向，也为企业提供了良好的效益评价体系和管理监控指标。创业计划书使得创业者在创业实践中有章可循。

创业计划书通过描绘新创企业的发展前景和成长潜力，使管理层和员工对企业及个人的未来充满信心，并明确要从事什么项目和活动，从而使大家了解将要充当什么角色，完成什么工作，以及自己是否胜任这些工作。因此，创业计划书对于创

业者吸引所需的人力资源，凝聚人心，具有重要作用。

（三）为创业者与外界沟通提供基本依据

创业计划书作为一份全方位的创业计划，对即将展开的创业项目进行可行性分析，也向风险投资商、银行、客户和供应商宣传拟建企业及其经营方式，包括企业的产品、营销、市场及人员、制度、管理等，在一定程度上也是拟建企业对外进行宣传和包装的文件。一份完美的创业计划不但会增强创业者自己的信心，而且会增强风险投资家、合作伙伴、员工、供应商、分销商对创业者的信心。而这些信心，正是创业者走向成功的基础。

【课堂活动】

内容：了解创业计划的重要性。

目的：通过创业成功的案例分析创业计划的重要性。

要求：学生五人一组，当堂撰写一份创业计划书，包括主体框架及主要内容，然后各组进行课堂答辩（限时5分钟），并以投票形式选取优秀创业团队。

思路：分析创业计划的主体框架和主要内容。

【课后思考实践】

通过网络、报刊等渠道查找相关创业案例，选取其一进行描述并结合创业计划书的重要性，阐述分析自己所查找的案例中主人公的做法、定位及其可行性。最后，结合前期关于创业知识的学习内容阐述自己的想法。

第三节　融资管理

一、创业融资的含义

融资简单来说就是一个企业的资金筹集的行为与过程。所谓创业融资，是指创业者为了将某种创意转化为商业现实，根据未来新创企业经营策略与发展需要，通过科学的预测和决策，采用一定的方式，从一定的渠道向投资者或债权人筹集资金，组织创业启动资本的一种经济行为。创业融资是为了解决企业成立前后的创业启动资金问题，是创业者最重要的一次融资。

创业早期需要筹集较多资本，用以支持创办企业的成立、运营。许多创业者缺少融资的经验，不了解融资的方式、渠道、各自的特点，往往造成企业的启动资金筹备不足，因此，创业者在筹集资金时，应根据自身情况，选择适合自身企业发展的融资方式和渠道。

二、创业融资的渠道

创业融资的主要渠道包括自我融资、亲朋好友融资、天使投资、商业银行贷款、担保机构融资和政府创业扶持基金融资等。其中自我融资、向亲朋好友融资、天使投资属于私人资本融资渠道；商业银行贷款、担保机构融资、创业投资资金、政府提供扶持资金等属于机构融资渠道。

（一）自我融资

虽然创业是具有高风险的经济活动，但是创业者应将自有资金的大部分投入到企业创办中。一方面，从新创企业的经营控制或资金成本角度来说，自有资金所占比例非常重要，关系着创业者对企业的经营控制权限；另一方面，在引入外部资金尤其是银行贷款、私人投资者以及风险投资家的资金的时候，通常需要拥有个人资本。

创业者投入自有资金，对个人而言，个人才能和资金在创业活动中可以充分发挥其作用，企业创办成功后，可以掌握更多的股份；对其他投资者而言，创业者充分展示对自身企业的信心，是全心全意的实干家，创业者会谨慎使用每一笔资金，增加投资者对创业者的信任感，增加投资者对其创业企业投资的可能性。

自我融资虽然是融资的一种渠道，但它不是根本性的解决方案，在创业企业发展的不同阶段，需要不同的融资渠道。

（二）亲朋好友融资

新创企业早期需要的资金量少且具有高度的不确定性，对银行等金融机构缺乏吸引力，这使得亲朋好友融资成为创业者此时可选的主要融资渠道之一。家庭或朋友除直接提供资金外，更多的是为贷款提供担保。家庭或朋友的特殊关系使得这一融资渠道有效克服了信息不对称问题。但家庭或朋友这一裙带关系的存在，使得这一融资渠道很容易发生纠纷。因此，应将家庭或朋友提供的资金与其他投资者提供的资金同等对待。

（三）天使投资

天使投资起源于纽约百老汇，是自由投资者或非正式机构对有创意的创业项目或小型初创企业进行的一次性前期投资，是一种非组织化的创业投资渠道。天使投资直接向企业进行权益投资，不仅提供现金，还提供专业知识和社会资源方面的支持。天使投资程序简单，短时期内资金就可到位。

天使投资虽是风险投资的一种，但两者有着较大差别。其一，天使投资是一种非组织化的创业投资形式，其资金来源大多是民间资本，而非专业的风险投资商。其二，天使投资的门槛较低，有时即便是一个创业构思，只要有发展潜力，就能获得资金，而风险投资一般对这些尚未诞生或嗷嗷待哺的“婴儿”兴趣不大。对刚刚起步的创业者来说，既吃不了银行贷款的“大米饭”，又沾不了风险投资“维生素”

的光，在这种情况下，只能靠天使投资的“婴儿奶粉”来吸收营养并茁壮成长。

（四）商业银行贷款

银行贷款对创业者来说往往是首选的外源融资渠道。目前，银行贷款主要有以下四种：一是抵押贷款，这是一种向银行提供一定的财产作为贷款的保证的贷款方式。二是信用贷款，指银行仅凭对借款人资信的信任而发放的贷款，借款人无须向银行提供抵押物。三是担保贷款，指以担保人的信用为担保而发放的贷款。这其中，政府对创业者融资有一项专门的政策，即小额担保贷款，扶持范围包括：城镇登记失业人员、大中专毕业生、军队退役人员、军人家属、残疾人、低保人员、外出务工返乡创业人员。对符合条件的人员，每人最高贷款额度为 5 万元，对微利项目增加的利息由中央财政全额负担。大学生和科技人员在高新技术领域实现自主创业的，每人最高贷款额度为 10 万元。四是贴现贷款，指借款人在急需资金时，以未到期的票据向银行申请贴现而融通资金的贷款。

（五）担保机构融资

从 20 世纪 20 年代起，许多国家为了支持本国中小企业的发展，先后成立了为中小企业提供融资担保的信用机构。目前，全世界已有 48%的国家和地区建立了中小企业信用担保体系，其主要目的在于解决银行贷款难的问题。我国近年来在这一方面也做出了许多有益的尝试，建立了一批信用担保机构，为创业企业提供了资金融通的渠道。截至 2006 年年底，全国共有各类中小企业信用担保机构 3 366 家，累计担保户数 38 万户，累计担保总额 7 843 亿元。受保企业新增销售额 4 716 亿元、利税 401 亿元，为 213 万人创造了新的就业机会。

（六）风险投资

风险投资起源于 15 世纪的英国、葡萄牙和西班牙。它是一种股权投资，采取由职业金融家群体募集社会资金，形成风险创业投资基金，再由专家管理投入到新兴的、迅速发展的、有巨大竞争潜力的风险企业中的方式进行运作。

由投资专家管理、投向年轻但有广阔发展前景并处于快速成长中的企业的资本被称为风险资金或风险基金，而风险投资基金的管理者，即风险投资的直接参与者和实际操作者被称为风险投资机构，他们直接承受风险并分享收益。风险投资是一项没有担保的投资，高风险与高收益并存。一般投资周期较长，为 3~7 年。风险投资是投资与管理的结合，是金融与科技的结合，主要投向科技型中小企业。

（七）政府创业扶持基金

在国家提出建设创新型社会的经济发展理念的引导下，我国已出台若干政策鼓励创业，设立了科技型中小企业技术创新基金。各地设立了若干“孵化器”，提供融资。各地政府也根据地方经济发展特点和需要相继出台了各种各样的政府创业扶持基金政策，其内容多变，形式多样，包含了从税收优惠到资金扶持、从特殊立项到特殊人群的各种创业基金。如近年来为解决大学生就业难这一问题、鼓励大学生自主创业，设立了大学生创业基金，为有创业梦想但缺乏资金的大学生提供启动资金，以最低的融资成本满足大学生创业者的最大资金需求。

当前，大学生创业基金已成为圆梦创业的助跑器，为切实解决大学生创业资金问题起到了重要作用。而为了解决下岗职工自主创业资金难的问题，通过建立创业示范基地实施一系列优惠政策，有效扶持了下岗职工的自主创业。深圳特区则采取了贷款贴息、无偿资助、资本金（股本金）投入等方式向科技创新企业提供资金，推动企业创新，加速企业创业发展的步伐。无疑，政府扶持基金这一融资渠道表现出了融资成本较低的显著特点。

除了以上七种常见创业融资渠道外，典当融资、设备融资租赁、孵化器融资、集群融资、供应链融资等渠道也是创业企业可以利用的融资渠道。

【案例分析】

阿里巴巴融资的过程

第一阶段：自我融资。

1999 年，马云和他的创业团队集资 50 万元成立阿里巴巴。阿里巴巴成立初期，公司小得不能再小，18 个创业者往往身兼数职。

第二阶段：天使投资。

阿里巴巴有一定名气后也很快面临资金的瓶颈，这时以高盛为主的一批投资银行向阿里巴巴投资了 500 万美元。

第三阶段：风险投资。

1999 年秋，日本软银总裁孙正义决定给阿里巴巴投资 3 000 万美元，最终马云确定了 2 000 万美元的软银投资，帮助其度过寒冬。

2004 年 2 月 17 日，马云在北京宣布，阿里巴巴再获 8 200 万美元的巨额战略投资。这笔投资是当时国内互联网金额最大的一笔私募投资。

2005 年 8 月，雅虎、软银再向阿里巴巴投资数亿美元。之后，阿里巴巴创办淘宝网，创办支付宝，收购雅虎中国，创办阿里软件。

第四阶段：上市。

2007 年 11 月 6 日，全球最大的 B2B 公司阿里巴巴在香港联交所正式挂牌上市，正式登上全球资本市场舞台。

阿里巴巴的上市，成为全球互联网业第二大规模融资。在此次路演过程中，许多投资者表示，错过了谷歌不想再错过阿里巴巴。

分析：

（1）自我融资：有利于创业者控制企业并占有企业绝大部分的股份，但资金往往是有限的，并且冒险性较大，一旦创业失败，个人的多年积蓄将付之东流。

（2）天使投资：建立在一定信任基础上，某种程度上跟亲朋好友融资有些相似，但会有一些回报，投资金额少。

（3）风险投资：投资者拥有一部分股权，会造成经营压力。

(4) 上市：股票增值，融资到一大笔低使用成本的资金 (16.95 亿元)。而今年以 12 亿美元回购了上市的所有流通股份，相当于免费使用这笔钱 4 年，而且孵化了旗下的一些子公司，比如淘宝、淘宝商城、支付宝，但上市之后财务和企业战略都需要透明、公开。

三、创业融资的选择策略

(一) 创业融资前的准备

1. 建立个人信用

个人信用是创业者拥有的一项高价值的无形资产，也是创业者获得投资者信任的关键软资源。在当今社会，信用已经成为个人声誉的重要考量内容。因此，创业者应该从现在起建立个人信用，着眼于未来长期声誉的形成，为自己积累良好的信用记录，为创业融资的成功奠定坚实的基础。

2. 积累社会资本

社会资本作为创业资源中的关键资源之一，是确保创业者获取其他资源的核心因素，而人际关系作为其关键的推进力量，具有较强的资源获取的延展性。因此，创业融资前，需要创业者不断积累丰富的人脉资源以形成强大的人际关系网络，从而突破个人资源有限的融资瓶颈，延伸出大量潜在的高价值、稀缺创业资源，为创业融资成功提供额外的保障。

3. 撰写创业计划

撰写创业计划具有两大作用：其一，通过规划未来的经营路线和设计相应的战略来引导创业企业的经营活动；其二，吸引借款人和投资者。撰写创业计划的第二大作用表明在创业融资过程中，创业者必须编制出科学、有吸引力的创业计划书并展示给投资者，以获得投资者的青睐，从而筹措到创业资金开展后续创业活动。因此，要吸引投资者，创业计划书要清晰阐述企业的使命、企业与行业的特征、企业的目标，要充分展示企业的经营战略、产品或服务的特性、市场营销战略、目标市场的选择、市场需求量、广告和促销、市场规模和趋势、地点、定价、分销、竞争者分析等方面，要向投资者展示创业者与管理者的简历、公司的组织结构，要展示创业企业的财务资料，明确提出资金需要量和投资者的退出方式，以系统、翔实的创业计划书向投资者证实项目的可行性，树立投资者对项目成功的信心以确保融资成功。

4. 测算不同阶段的资金需求量

由于创业融资具有显著的阶段性，因此，融资前需要准确测算不同阶段的资金需求量，以形成合理的资本结构，降低融资成本。这就要求创业者根据创业规划，参考本行业的财务比率，再考虑各种合理假设，先计算出收入与成本费用，然后做出资本性支出预算与流动资金需求预测，最后做出资产负债表、利润表和现金流量表的预测。对于初创企业，按季度的现金流预测和逐月的费用预算，是做好融资计划、保证企业正常运转的重要工作。而投资商也一定会根据企业的“烧钱”速度了解企业的资金需求量。财务预测需要说明收入确认的准则，特别是与境外投资者联系的时候，要注意各国会计准则的不同，这也是为什么有经验的投资者更注重现金流量预测而不是利润表预测的原因。

（二）创业融资渠道的选择原则

1. 融资成本与融资收益相适应原则

不同融资渠道具有不同的融资成本，相对而言，自我融资的成本低于机构融资的成本，债务融资的成本低于股权融资的成本。对于创业融资渠道的选择必须考虑不同融资渠道的成本与收益的合理匹配，争取以最低的成本获取所需资金。

2. 融资渠道与创业企业发展不同时期相适应原则

创业融资的显著特点是阶段性，这就意味着不同阶段的创业融资需求显著不同，而融资渠道的选择应符合融资需求的特性，融资渠道的选择也必然随融资需求的变化而有所变化，表现出一定的阶段性。因此，创业融资渠道的选择应与创业企业发展的不同时期相匹配，以有效提供资金，推动创业企业的不断提升。

3. 融资期限匹配原则

长期资金与短期资金由于占用时间不同，在使用成本上存在显著差异。同时，由于长短期资金管理成本和面临的风险也存在显著差异，所以长期资金与短期资金的总资本成本也存在显著差异。因此，为降低融资风险，保持科学的资本成本水平，融资理论强调融资与投资的期限匹配原则，即长期资金用于长期投资项目，如用于购置固定资产等可长期使用的资产，短期资金用于日常周转和短期资金消耗。对创业企业而言，筹集创业不同阶段所需资金也应遵循期限匹配原则：对于用于固定资产和永久性流动资产上的资金，采取中长期融资方式筹措；对于季节性、周期性和随机因素造成企业经营活动变化所需的资金，则采取短期融资方式筹措，力求实现期限结构的科学匹配。

（三）创业融资渠道选择策略

根据成本与收益匹配原则、融资渠道与发展阶段匹配原则及期限匹配原则，结合常见融资渠道的特点，我们认为应采取在创业企业生命周期不同阶段分批注入资本的策略。创业企业在种子期，更多依赖于个人融资，大部分资金源自于创业者个人，而随着创业企业进入成长期，机构融资渠道越来越多地被使用，特别是创业企业进入成熟期后，将大量地使用上市、发行债券等这样的金融工具进行融资。创业融资渠道的选择不是单一的行为，是综合考虑不同阶段特点和发展需求后的一种组合。

【案例分析】

众筹——新兴的融资方式之一

互联网分析师许单单这两年风光无限，从分析师转型成为知名创投平台3W咖啡的创始人。3W咖啡采用的就是众筹模式——向社会公众进行资金募集，每个人10股，每股6 000元，相当于一个人6万元。那时正是玩微博最火热的时候，很快3W咖啡便汇集了一大帮知名投资人、创业者、企业高级管理人员，包括沈南鹏、徐小平、曾李青等数百位知名人士，股东阵容堪称华丽，3W咖啡引爆了中国众筹式创业的流行。几乎每个城市都出现了众筹式的3W咖啡。3W很快以创业咖啡为契机，将品牌延伸到了创业孵化器等领域。

3W的游戏规则很简单，不是所有人都可以成为3W的股东，也就是说不是你有6万元就可以参与投资，股东必须符合一定的条件。3W强调的是互联网创业和投资圈的顶级圈子。而没有人是会为了6万元未来可以带来的分红来投资的，更多是3W给股东的价值回报在于圈子和人脉价值。试想如果投资人在3W中找到了一个好项目，那么多少个6万元都赚回来了。同样，创业者花6万元就可以认识大批同样优秀的创业者和投资人，既有人脉价值，也有学习价值。很多顶级企业家和投资人的智慧不是区区6万元可以买到的。

分析：会籍式的众筹方式在中国2012年创业咖啡的热潮中表现得淋漓尽致。会籍式的众筹适合在同一个圈子的人共同出资做一件大家想做的事情。比如3W这样开办一个有固定场地的咖啡馆方便进行交流。其实会籍式众筹股权俱乐部在英国的M1NT Club也表现得淋漓尽致。M1NT在英国有很多明星股东会员，并且设立了诸多门槛，曾经拒绝过著名球星贝克汉姆，理由是当初小贝在皇马踢球，常驻西班牙，不常驻英国，因此不符合条件。后来M1NT在中国上海开办了俱乐部，也吸引了500个上海地区的富豪股东。

创业咖啡注定赚钱不易，但这和会籍式众筹模式无关。实际上，完全可以用会籍式众筹模式来开办餐厅、酒吧、美容院等高端服务性场所。这是因为现在圈子文化盛行，加上目前很多服务场所的服务质量都不尽如人意——比如食品，可能用地沟油。通过众筹方式吸引圈子中有资源和人脉的人投资，不仅是筹措资金，更重要的是锁定了一批忠实客户。而投资人也完全可以在不须经营的前提下拥有自己的会所、餐厅、美容院等，不仅可以赚钱，还可以在自己朋友面前拥有更高的社会地位。

【课堂活动】

同学们自由组合组建一支创业团队，模拟做一个创业项目。在创业初期对该公司进行融资租赁，给大家15分钟时间分析并列举融资的方法途径、流程介绍以及团队选取该融资方式的优势与劣势，最后各团队选出代表进行阐述，其余同学投票选取优秀团队。

【课后思考实践】

1. 简述创业融资计划书的主要内容。
2. 列举自己认为有效的创业融资方法，并举出实例一一阐述说明。

第四节　创业资源

一、人脉资源

在创业过程中，人脉资源是第一资源；有各种良好的人脉关系，你可方便地找到投资、找到技术与产品、找到渠道等各种创业机会。整合人脉资源是创业成功的基本条件。

关于人脉资源特性需要注意以下几点：

（一）长期投资性

平时要注意人脉资源的积累，不要事到临头才去找人帮忙。在公司做业务也一样，现在不是你的客户，明天就可能成为你的客户，因而你必须从现在开始就建立联系。人脉资源的形成需要很多时间和精力，这也是一种投资。

（二）可维护性和可拓展性

人脉资源可以通过合作、交流、关心、帮助以及友情和亲情等进行维护，并会不断巩固，当然如果不去维护就会变得疏远，所以人脉资源需要经常维护，同时在维护中可以不断地发展新的人脉关系。

（三）有限性和随机性

每个人一生中能认识多少人？包括老师、同学、亲戚、同事、朋友、客户等，一般不超过500人，而能够真正帮助自己的一般不会超过50人，所以每个人的人脉资源都是有限的，你的发展同样也会受到你的人脉资源的限制。同时，你所认识的可能没有能力帮助你，有能力帮助你的你可能不认识，所以在客观上就需要你不断认识更多的人，但是每个人的能力又是有限的，又不可能认识所有那些潜在的帮助者。

（四）辐射性

你的朋友帮不了你，但是你朋友的朋友可以帮你。

二、人才资源

苹果公司的史蒂夫这样说过：“刚创业时，最先录用的10个人将决定公司成败，而每一个人都是这家公司的1/10。如果10个人中有3个人不是那么好，那你为什么要让你公司里的30个人不够好呢？小公司对于优秀人才的依赖要比大公司大得多。”

企业或事业唯一真正的资源是人，如何努力创造吸引人才的条件，为企业吸引和留住人才，利用“外脑”，整合人才资源以获得长期持续发展的内在动力，已成为中小企业当前的一项十分迫切的任务。

目前，令一些中小企业的掌门人最头痛的事情，不再是技术上的问题，也不再是企业赚多赚少的问题，而是中小企业人才资源短缺的问题。

因此，中小企业应根据自身发展，建立起一套人才资源规划体系：

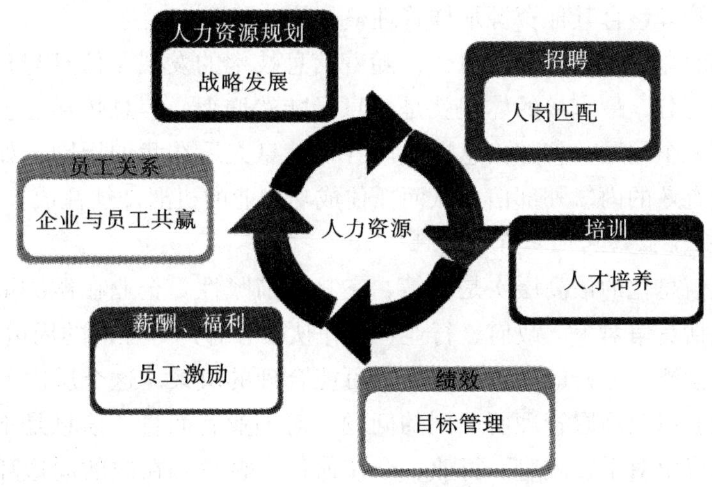

（一）建立起完善的激励体系

用奖惩制度（包括精神上的和物质上的）去激发员工的潜能，让员工的潜能发挥到极致。

（二）建立起培训机制

培养人才，同时也让人才在企业里发挥其最大的潜能，为企业做出贡献。

（三）善待员工

让员工有一种家的感觉。善待员工，是留住人才的唯一法宝。这种善待，不光是指精神上给予人才的满足，适当地也要配以物质利益。

（四）要量才而用

用人的长处，控制人的短处，不要为了节省开支而凑合。

（五）分工尽可能明确

可根据职务的重要与否让人才适当地兼职。

（六）引入外部力量

现代企业的竞争，归根结底是人才的竞争。当前许多企业正处在发展变革的重要关头，要想在激烈的市场竞争中取胜，就必须提升人力资源的价值。但要吸引、留住人才，也并非易事，必须在尊重人才的价值上下功夫。一是用好人才，按照人才的才能和特长，安排适当的领导岗位和技术职务，使人才有价值认可感、受信任感。二是给任务、压担子，让人才攻坚克难，使人才有成就感。三是表彰、奖励有重大贡献的人才，使人才有光荣感。四是待遇从优，使人才有幸福感、满足感。

三、信息资源

当今社会的飞速发展给创业者提出一个新的信息时代的视角，信息资源对很多创业者来说就是成功的机遇，而机遇瞬间即逝，要善于整合把握。

信息资源与人力、物力、财力以及自然资源一样，都是创业企业的重要资源，因此，应该像管理整合其他资源那样管理整合信息资源。

我们从工业化时代走向信息时代，随着信息技术的发展，信息与日常生活、工作越来越密不可分，最直接的体现就是信息量陡然增大，信息传播速度加快。但这也同时带来了一个问题，就是信息爆炸。各种信息充斥在我们周围，如何在最短的时间内获得最有效的内、外部信息从而抓住成功创业的机遇却往往成了一个难题。

（一）创业企业信息化具有前瞻性

创业企业信息化的最高层次是决策，它具有前瞻性。企业在做决策时，关心的问题是来自包括竞争对手、政府、行业、合作伙伴、客户等在内的周边环境的变化。在对变化进行预测、分析的基础上做出尽可能合理的决策，这个层次上的企业信息化通常针对创业以及高层管理所遇到的问题。对创业者而言，信息是不对称的，了解和分析包括竞争对手、政府、行业、合作伙伴、客户等在内的周边环境的变化信息，我们才能做到“知己知彼，百战不殆”，才能做到有的放矢，集中精力、财力、人力抓住转瞬即逝的成功机遇。

（二）信息资源整合包含管理的内涵

既要整合管理好企业外部的资源，抓住企业的发展机遇，又要整合管理好企业内部的信息资源，进行信息资源的规划。

信息资源规划是指通过建立全企业的信息资源管理基础标准，根据需求分析建立集成化信息系统的功能模型、数据模型和系统体系结构模型，然后再实施通信计算机网络工程、数据库工程和应用软件工程的一个系统化的企业信息化解决方案，其目的是使企业高质量、高效率地建立高水平的现代信息网络，实现信息化建设的跨越式发展。

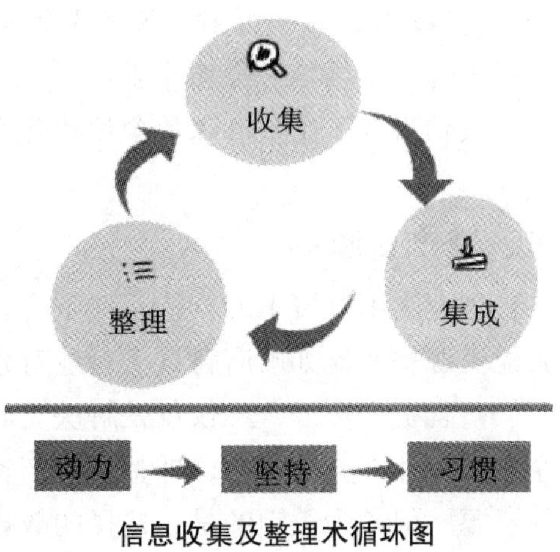

信息收集及整理术循环图

四、技术资源

创业技术是创业期间关键资源之一，它是决定所需创业资本的大小、创业产品的市场竞争力和获利能力的根本因素。创业企业成功的关键是首先寻找成功的创业技术。其原因有三：

（1）创业技术是决定创业产品的市场竞争力和获利能力的根本因素。

（2）创业技术核心与否决定了所需创业资本的大小。对于在技术上非根本创新的创业企业来说，创业资本只要保持较小的规模便可维持企业的正常运营。

（3）从创业阶段来说，由于企业规模较小，因此管理及对人才的需求度不像成长期那样高，创业者的企业家意识和素质是创业阶段最关键的创业人才资源和创业管理资源。

一些看起来很有市场前景的商机，如果没有拥有或者控制核心技术就贸然进入，必然会很快遭受重创。

【案例】

思迈的命运

北京师范大学国际贸易专业的学生胡腾和7位同学筹资12万元，于2003年8月27日，正式注册成立了思迈人才顾问有限公司，并亲任总经理，建立了专业的人才网站——思迈人才网。他们公司的主旨是为企业和个人提供人才评估、咨询、培训、交流、猎头、人事代理等服务，为高校毕业生就业开通“绿色通道”，提供求职培训、素质测评、推荐安置工作等服务。这看起来很有市场前景，但该团队中没有一个人拥有评估、咨询、培训、猎头以及人事代理的核心技术甚至运营经验；而开业之初，由于人才网络、企业网络没有运作起来，各种服务项目没法开展。于是，胡腾决定从最基础的为大学生找家教和其他兼职做起，这也不是他们所擅长的。2003 年 12 月，在公司创立仅仅 3 个月的时间里，公司净亏 7.8 万元。他以 1 元钱价格把思迈转卖给了一个博士生。

我们思考一下，思迈的命运为什么会这样?

五、资产资源

创业离不开资本的支持，在整合资产资源的同时要考虑资本会为企业带来什么其他资源——比如政府背景、行业背景、市场影响力、营销支撑等。

整合资产资源，不仅仅是解决“钱”的问题，更重要的是看战略投资者还能为企业带来什么其他资源，即整合资产资源时要充分考虑资产资源能否带来更多的其他资源。但最为关键的是，选择的战略投资者要与企业当前阶段的发展目标相吻合。

如何整合资产资源引进外来资本呢?

（1）要对准备引入的资产资源有整体的了解。在初步确定投资意向之后，创业企业就可以根据实际情况，在众多的意向投资者中选择钟情目标。在接触之前，要认真了解投资者的基本情况，如资质情况、业绩情况、提供的增值服务情况等。

（2）在与投资者接触面谈前，企业自身应准备好必要的文件资料。双方谈判将会一直围绕企业的发展前景、新项目的想象空间、经营计划和如何控制风险等重点问题进行。

（3）在签订的合同书中，创业企业和投资人双方必须明确两个基本问题：一是双方的出资数额与股份分配，其中包括对投资企业的技术开发设想和最初研究成果的股份评定；二是创建企业的人员构成和双方各自担任的职务。

六、行业资源

要充分了解某行业，掌握该行业关系网，比如业内竞争对手、供货商、经销商、客户、行业管理部门等。行业资源并非只有这些，科研机构、行业协会、行业杂志、行业展会、业内研讨会、专业书籍等等资源，都需要创业者平时加以关注，发掘其价值从而为企业成长服务。

为使创业成功，就要做自己熟悉的行业，熟悉本行业企业运营、熟悉竞争对手。

【案例分析】

昂立的发展

上海交大昂立股份有限公司是集现代生物和医药制品研制、生产、营销于一体的高科技股份制企业，2001 年 7 月公司成为国内保健品行业第一家上市公司。上市使公司打通了资本渠道，迅速扩大企业的规模，实现产业的多元化经营，成功组建产业群。

从1990年的几十名员工、36万元资本起家的校办企业，到注册资本1.5亿元、连续3年居全国保健品市场销量榜首的行业巨人，昂立的业绩令人瞩目。

分析：昂立发展的一个转折点在于跟业内的三株合作，整合行业内资源。这一决策帮助昂立走出了困境，促成昂立成长。当时，昂立的习惯是给他们多少，三株就销售多少。但三株提出的一个观点完全倒了过来：你负责科研、生产，我负责销售，我们定的销售价双方各赚一半。这样一来，昂立受不了，因为以前采用的定价法不是市场定价，而是成本加利润；而三株却是市场定价。这是昂立的一次转折。所幸昂立判断正确。这样，一步一步地，昂立把三株新的营销思路引进来，在跟三株的合作中开始转变，由不懂到懂。

此后的1992年，昂立成立了天王公司，根据从三株学来的营销思路，重点抓销售，以己为主来实施昂立的产品营销。1992年销售额才400多万元，而1993年就达到了7 000多万元。市场是牛鼻子，市场是企业的生命线。所以1992—1993年由产品到市场的转变是一个非常重要的步骤。这正是充分有效整合行业资源的典型个案。

启示：企业要想发展、壮大，就应该尽可能整合各种资源、采取各种合法手段积极务实地做好自己的这份事业。上海交大昂立股份有限公司这个案例告诉了我们整合行业内竞争对手资源的重要性。“把竞争对手转变为合作伙伴”，市场竞争没有永远的对手，也没有永远的伙伴，更没有敌人。凡以为有敌人的竞争者，大多是竞争中的失败者。创业企业不可避免地存在诸多方面的不足。因此，同行之间或者产业上、下游之间的创业企业应通过策略联盟或股权置换等种种方式整合资源，使人力资源、研发能力、市场渠道、客户资源等方面实现优势互补，对内相互支持，对外协同竞争。这种方式往往是几家创业企业作为核心，同时带动一批创业企业，形成利益共同体。

七、政府资源

掌握并充分整合创业的政府资源、享受政府扶持政策，可使创业少走许多弯路，达到事半功倍之效。创业的扶持政策主要包括财政政策、税收政策、科技政策、产业政策、金融政策、人才政策等。政府资源对创业者而言是不可多得的成功创业的助推器。政府资源即是各项优惠扶持政策，包括：

（一）财政扶持政策

中央财政预算设立了中小企业科目，安排扶持中小企业发展专项资金；地方政府根据实际情况为中小企业提供财政支持。

（二）融资政策

人民银行加强信贷政策指导，改善中小企业融资环境；鼓励商业银行调整信贷结构，加大对中小企业的信贷支持。各商业银行在其业务范围内提高对中小企业的融资比例，扩展服务领域。国家政策性金融机构采取多种形式为中小企业提供金融服务。县级以上人民政府和有关部门推进和组织建立中小企业信用担保体系，推动中小企业的信用担保。

（三）税收政策

国务院和省级人民政府对符合下列条件之一的中小企业，在一定期限内给予税收优惠：一是由失业人员开办，初期经营困难的；二是吸纳社会再就业人员比例较高的；三是设立在少数民族地区、边远地区和贫困地区的；四是从事高科技产品的研究开发的；五是从事资源综合利用和环保产业的；六是国家产业政策规定需要扶持的。

（四）科技政策

国家制定政策鼓励中小企业按照市场需要，开发新产品，采用先进的技术、生产工艺和设备，提高产品质量。国家实施了一系列科技计划，包括科技攻关计划、星火计划、重点新产品计划、“863”计划、科技型中小企业技术创新基金。

（五）产业政策

对我国境内新办软件生产企业、集成电路设计企业和生产线宽小于 0.8 微米（含 0.8 微米）的集成电路生产企业，经认定后，自开始获利年度起，第一年和第二年免征企业所得税，第三年到第五年减半征收企业所得税。

（六）中介服务政策

政府有关部门在规划、用地、财政等方面提供政策支持，推进建立各类技术服务机构，建立生产力促进中心和科技企业孵化基地。国家鼓励社会各方面力量建立和健全培训、信息、咨询、人才交流、信用担保、市场开拓等服务体系。

（七）创业扶持政策

在城乡建设规划中合理安排必要的场地和设施，支持创办中小企业；地方政府应为创业人员提供工商、财税、融资、劳动用工、社会保障等方面的政策咨询和信息服务；国家鼓励引进国外资金、先进技术和管理经验，创办中外合资（合作）企业；鼓励依法以工业产权或者非专利技术等投资参与创办中小企业。为促进中小企业发展，科技部及地方政府大力发展科技创业服务中心即企业孵化器，政府有关部门为创业提供全方位的服务，并实行优惠政策鼓励其为中小企业提供良好的创业服务。

（八）对外经济技术合作与交流政策

政府有关部门和机构为中小企业提供指导和帮助，促进中小企业产品出口。国家制定政策，鼓励符合条件的中小企业到境外投资，开拓国际市场。国家有关政策性金融机构应当通过开展进出口信贷、出口信用保险等业务，支持中小企业开拓国外市场。

（九）政府采购政策

政府采购应优先安排向中小企业购买商品或者服务。政府是最大的消费者，各级政府每年要采购大量的商品和服务，要注意政府采购信息，向当地政府采购管理机构了解政府采购如何向中小企业倾斜。了解政府扶持政策、整合政府资源的方式途径：

1. 上政府公网查询

定期到政府公共服务网浏览检索，看看是否有新政策出台或者项目申报通知。

2. 委托政策服务公司提供政策咨询

政策服务公司比较关注政策变化，与政府有关部门关系密切，不仅了解政策，而且知道如何帮助创业者享受政策。

3. 注意与有关部门保持密切的沟通

每一家企业都要与一些政府部门打交道，你也不例外，要注意配合你经常打交道的政府部门的工作，并注意定期向这些部门咨询政策。与政府部门保持密切的关系，你可以用足用好政府政策，寻求更快的发展。

4. 指定专人负责有关政策信息的收集

要让每位员工了解并注意收集与其工作有关的政策信息，及时跟踪政策的变化。特别是在有疑问时，一定要咨询清楚，并及时解决，千万不要把今天的问题留到明天。

【案例分析】

借力修天桥

国际商场是天津市第一家上市公司，邻南京路，这是一条十分繁忙的主干道，对面就是繁华的商业街。在国际商场开业时，门口并没有过街天桥，行人穿越南京路很不方便也不安全。应该修天桥！估计经过那里的人都会产生这样的想法，但政府一直没有行动。

有一天，一个年轻人没有认为这是政府该干的事情。他找到政府商量，提出用自己的钱修天桥，但政府要允许他在天桥上挂广告牌。

不花钱还让老百姓高兴，政府觉得不错，就同意了。这个年轻人拿到政府批文，立即想到找可口可乐那样的大公司洽谈广告业务。

在这样繁华的街道上立广告牌，这是大公司求之不得的事情。很快，这个年轻人从大公司那里拿到广告的定金。他用这笔钱修建了天桥还略有剩余。天桥修建好了，广告也挂上了，年轻人从大公司那里拿到余款，获得了第一桶金。

分析：充分利用已有的资源，合理配置，是成功的关键。

1. 善用资源整合技巧

创业总是和创新、创造及创富联系在一起的。一位创业者结合自身创业经历提出了这样的观点：缺少资金、设备、雇员等资源，实际上是一个巨大的优势。因为这会迫使创业者把有限的资源集中于销售，进而为企业带来现金。为了确保公司持续发展，创业者在每个阶段都要问自己：怎样才能用有限的资源获得更多的价值创造？

2. 发挥资源杠杆效应

尽管存在资源约束，但创业者并不会被当前控制或支配的资源所限制，成功的创业者善于利用关键资源的杠杆效应，利用他人或者别的企业的资源来完成自己创业的目的：用一种资源补足另一种资源，产生更高的复合价值；或者利用一种资源撬动和获得其他资源。其实，大公司也不只是一味地积累资源，他们更擅长于资源互换，进行资源结构更新和调整，积累战略资源，这是创业者需要学习的经验。

3. 设置合理利益机制

资源通常与利益相关，创业者之所以能够从家庭成员那里获得支持，就因为家庭成员之间不仅是利益相关者，更是利益整体。既然资源与利益相关，创业者在整合资源时，就一定要设计好有助于资源整合的利益机制，借助利益机制把包括潜在的和非直接的资源提供者整合起来，借力发展。因此，整合资源需要关注有利益关系的组织或个人，要尽可能多地找到利益相关者。同时，分析清楚这些组织或个体和自己以及自己想做的事情的利益关系，利益关系越强、越直接，整合到资源的可能性就越大，这是资源整合的基本前提。

【课堂活动】

讨论一下俞敏洪创办新东方时具备哪些资源。

【课后思考实践】

1. 根据自己的实际情况，画出人脉图，并思考如何扩大自己的人脉圈。
2. 如何获得技术资源？
3. 实现“空手套白狼”与资源整合的关键要点是什么？

第六章　如何成功创办企业

任何一个企业的成功在很大程度上都取决于创业者个人性格、技能水平和经济能力。大学生创业是人生一个重大选择，无论为了实现自我价值，还是为了就业生存，融入社会、选择创业都会面临挑战，无论是来自于自身的压力，还是来自于外部的压力，你都必须直面它们并且解决它们。创业对大学生来说是一种挑战，也是一种机遇。在创办企业之前，我们必须认真了解创办企业的基本条件，认真审视自己相关个人素质，确定自己是否适合创业，了解相关创业机会及创业途径。

通过本章的学习，你将能够：

1. 了解创办企业将会面临的挑战；
2. 认识创业面临的外部压力和风险；
3. 了解与企业相关的法律。

第一节　成功创业的准备

一、创办企业面临的挑战

（一）创业资金的筹集

创业需要解决的第一个困难，就是企业开办初期的运营资金。如果没有资金，一切都无从谈起。资金可以通过各种渠道筹集，你需要想尽一切办法去和朋友、家人借钱，或者到银行借贷。运营资金越多越好。这是因为经营启动后可能会遇到资金周转困难的情况。特别是刚出象牙塔的大学生，这种可能性更大，而边经营边筹集资金的能力，又远不如已经有一定根基的商人。如果运营资金不到位，就可能因一笔微不足道的资金，弄垮刚刚起步的事业。因此，在准备创业初期，我们应该充分了解相关贷款知识，准备相关贷款材料，使自己具备贷款条件。

通常贷款要具备三个方面的条件：一是有不动产做抵押；二是项目要有吸引力；三是与银行保持良好的关系。如果你有不动产如房子、汽车等做抵押，贷款就会容易得多，不过即使没有不动产做抵押，也不是绝对贷不到款，项目的投资前景和效益是影响贷款决策的首要因素。银行要对贷款项目进行技术、经济等方面的可行性论证。

（二）需要学习企业的管理

管理是管理者运用其拥有和支配的人力、物力、财力、技术、信息等各种资源，对管理对象进行一系列有组织、有计划的实践活动，以达到预期目的的过程。企业管理就是对企业的生产经营活动进行计划、组织、指挥、协调和控制，使企业适合外部环境变化，充分利用各种资源，实现企业经营目标的一系列工作。

只有全面、系统学习了管理知识，提高自己的领导力、沟通力、执行力，才能更好地降低风险。任何一个人要想创业成功，都必须具备扎实的企业管理知识。

一些大学生创业者虽然技术出类拔萃，但理财、营销、沟通、管理方面的能力普遍不足。要想创业成功，大学生创业者必须技术、经营两手抓，可从合伙创业、家庭创业或从虚拟店铺开始，锻炼创业能力，也可以聘用职业经理人负责企业的日常运作。

创业失败者，基本上都是管理方面出了问题，其中包括：决策随意、信息不通、理念不清、患得患失、用人不当、忽视创新、急功近利、盲目跟风、意志薄弱；等等。特别是大学生知识单一、经验不足、资金实力和心理素质明显不足，更会增加在管理上的风险。

（三）专业技能的掌握

很多大学生创业者眼高手低，当创业计划转变为实际操作时，才发现自己根本不具备解决问题的能力，这样的创业无异于纸上谈兵。一方面，大学生应去企业打工或实习，积累相关的管理和营销经验；另一方面，积极参加创业培训，积累创业知识，接受专业指导，提高创业成功率。

必须努力掌握自己所选的创业项目的专业技能，成为“专家”。作为一个企业的领导者，你必须熟悉整个公司运营所涉及的相关专业知识以及专业技能，只有在具备充分的专业知识基础上，才能客观准确地对公司即将面临的困难和已经面临的困难提出相应的预防措施和解决办法。

（四）工作的巨大压力

任何一个企业在开办初期，都会经历非常困难的过渡期。在这个时期，员工以及领导必须夜以继日地工作，解决企业面临的各种问题，承受企业面临的各种压力。

（五）缺乏社会经验

缺乏社会经验是刚毕业的大学生所面临的普遍问题，对社会的认知能力和学习能力还比较弱，不能够做好各方面的协调工作，对于公司的运转和运营没有实际的社会操作经验，对很多事情往往存在着“担心”“害怕”“迈不开步子”等种种困扰。这个时候应该学会突破自我，大胆地去尝试，去积极协调组织、合作企业和顾客的关系，提高自己的公关能力、适应能力以及谈判能力。

（六）各种创业心理打击

要承受对自信心的打击。创业过程中，你可能会受到多方面的打击、拒绝，甚至面对失败等各种境遇，能否恢复信心、保持乐观是在创业中能否成长的关键。

（七）创业有一定的风险

在远古时期，以捕捞为生的渔民们，每次出海前都要祈祷，其中主要的祈祷内容就是让神灵保佑自己在出海时能够风平浪静、满载而归；他们在长期的捕捞实践中，深深体会到“风”给他们带来的无法预测和无法确定的危险，他们认识到，在出海捕捞打鱼的生活中，“风”即意味着“险”。

按照风险影响的范围分类，风险可以分为系统风险和非系统风险。系统风险是源于创业者或创业企业之外的由创业环境变化带来的风险，如自然灾害、经济衰退、通货膨胀、战争等。创业者或者创业企业无法对其进行控制或施加影响，因此，也称为不可分散风险。它对所有企业均有影响。非系统风险是创业者或创业企业本身的商业活动或财务活动引发的风险，如团队风险、技术风险和财务风险。非系统风险可以通过一定的手段进行预防和分散。

做任何一件事，都存在风险。经济学上，存在“高风险、高利润”的现象。同理，创业也具备一定的风险，甚至你自身素质、所选行业不当，也会增加创业失败风险。风险是必然的，我们必须学会识别风险并规避风险。

【案例分析】

案例1：魏先生欲在医院设立大屏幕药品广告播放系统，合作医院已经找到，药品生产厂家也十分愿意投放产品广告，正在紧锣密鼓地实施过程中，遭遇了相关执法部门的制止。

分析：不熟悉新修订的《中华人民共和国药品管理法》，是该项目失败的直接原因。该法第六十条规定药品广告须经企业所在地省、自治区、直辖市人民政府药品监督管理部门批准，并发给药品广告批准文号；未取得药品广告批准文号的，不得发布。

规避办法：不管从事哪一行业，都必须先了解相关的法律、法规和政策，这是项目可行性分析首先要研究的问题，如果遭禁，只有另行选项。

案例2：张先生与开发出计算机远程控制全色护栏灯的朋友合作，注册了一家公司，拟进行产品的推广。刚刚做出样机，就有客户找上门来，看到计算机模拟演示效果后，便签订了一个很大的工程订单，由于工期较紧，便直接开始大批量生产，投入工程安装。但由于抗干扰性能不过关，以致客户退货，造成了巨大的经济损失。

分析：没有进行充分的产品可靠性试验，尤其是缺乏模拟现场工况的试验，是该项目失败的主要原因。

规避办法：凡是在创业选项中选择新发明、应用新技术或投资于高科技新产品的时候，产品的可靠性、技术的成熟度是必须进行重点考核的可行性指标；在产品投入市场之前必须进行产品质量的相关测试，做出产品质量检测报告，如有条件应提供给部分客户使用，制作客户使用报告，使客户的使用情况全面、客观地反映出来，使我们能够正确地做出是否可以投入市场的决定，有效地规避贸然进入市场的经济风险和信用风险。

案例3：金先生某次出差去深圳，看到深圳很多闹市区的路边正在立一些停车计费咪表，于是投入资金，研制停车计费咪表。虽然他很快研制出号称当代最先进的车载式咪表，但是公司却因为没有订单而长期亏损，两年后倒闭。

分析：路边停车收费，不符合中国国情。于是，咪表计费行业便成为陷阱行业。仅深圳先后就有70余家咪表研制企业先后倒闭，成为闯入陷阱行业的牺牲者。

规避方法：不管进入哪一行业进行创业，都必须对该行业的未来发展趋势做出正确判断，如果把握不准，宁肯不进入。

二、创业面临的外部压力和风险

（一）带领的团队合作不够

团队合作指的是一群有能力、有信念的人在特定的团队中，为了一个共同的目标相互支持、合作奋斗的过程。它可以调动团队成员的所有资源和才智，并且会自动消除所有不和谐和不公正现象，同时会给予那些诚心、大公无私的奉献者适当的回报。如果团队合作是出于自觉自愿的，那么它必将产生一股强大而且持久的力量。

李嘉诚曾说过："创业合作必须有三大前提：一是双方有可以合作的利益；二是有可以合作的意愿；三是双方有共享共荣的打算。""人"的结构就是相互支撑，"众"人的事业需要每个人的参与。一台机器通常是做不出产品的，单独的一个零部件更发挥不了作用，只有组合才能使各个组成部分的作用得到充分发挥。通过团队成员中的技能互补可提高驾驭环境不确定性的能力，从而降低新创企业的经营失败风险。对于一个创业初期的企业，团队合作更是尤为重要。

（二）对市场变化没有办法应对

市场是千变万化的，大多数创业者因为经验不足和缺乏技巧，无法根据市场的

变化调整促销的手段、服务措施以及商品陈列，导致失去顾客。市场就像一条道路，是曲折蜿蜒的；企业则像一辆汽车，如果汽车不能跟随道路的发展走向及时改变方向，而是一直朝着一个方向前行的话，将慢慢远离市场。这个道理很浅显，但是很多企业往往在所谓“战略坚持”中远离了道路，远离了市场，也远离了消费者。因此创业者要实时关注市场的变化，根据自身企业发展的实际情况来改变相关战略目标，这样才能很好地适应市场的变化。

（三）企业倒闭风险

企业经营不可能一帆风顺，需要时刻准备应对企业失败风险和承担所有责任，风险在所难免，要时刻警惕、查漏补缺，即使企业失败也别泄气，因为失败可以带给你更多的经验和教训，这些是人生成长中很宝贵的课程，你需要从中吸取更多的经验去提高自己今后面对风险的能力。

（四）来自对手的挑战

市场上激烈的竞争是无法避免的，你需要学习、尊重并战胜你的对手，赢得更

大的市场空间。一个优秀的企业家应该学会如何在竞争中合作、在合作中竞争。

（五）意外灾害

你要采取应对措施，防止一些灾害给企业带来的损失。这些意外灾害是不能避免的，但是你可以采取一些有效的应对措施，把企业的损失降到一个最低的水平，这样你才是一个出色的有能力的企业经营者。

【案例分析】

Pingjam 是一个为 Android 环境下 App 程序员设计的赚钱方案。

自从这款产品发布之后，6 个月内，超过 6 500 个 App 都整合了它的 SDK。用户月增长率达 1.60%，年营业收入超过 50 万元，但是公司的发展恰恰就卡在这个阶段了。它没有引进更多的外部投资，当时还有一个月，就进入了“莱曼盈利时间框架”中。(莱曼盈利：指的是非一般意义上的企业盈利，而是企业所实现的营业收入恰恰覆盖创始人的日常开销，主要指时间被浪费掉了，但是企业并未实现可观的增长)

到了当年 11 月 1 日，噩耗降临。Google Play 将超过 1 000 家与 Pingjam 有过合作的 App 从 App 商店里剔除出去了。事实上，该公司在产品开发阶段都在持续不断的跟 Google 的程序员、销售团队、营销人员、技术人员保持联系，确信完全遵守 Google Play 商店的各种条款政策。产品的最终用户协议（EULA）还是 Google 一位高级雇员所写的。甚至就在 Google 决定干掉 App 的那一天，App 商家还在 Google 底下的一个孵化器场所接受他们的招待宴请。之后，Google 甚至给 App 商家剩下的程序员说：除非他们现在就终止跟 App 商家的合作，否则这些程序员所开发的其他 App 也会被封掉。他们甚至把那些曾经考虑跟 App 商家合作，到最后合作没达成的 App 也封了 3 个月的时间。

分析：很多人做事是有计划没有远见，有个东西不是我们洞察万物就能一一攻破的，它就是“未知”，市场到底会在什么时候动荡、会在什么时候稳定是我们不能预知和改变的。

影响企业寿命的这几个事实在短期内不会消失，它们将在越来越大的程度上决定你的公司是否会成功。当每次做出商业决定时，你都应该考虑这些方面的影响。

案例启示：对于刚刚创立的公司来说，一个关键步骤是从一开始就设计一个弹性组织，也就是建立灵活性的管理模式来应对挑战，建立一个面向未来的机制来分配责任，用网络将各岗位职能连接在一起来完成任务，并且注重人员配置和运作。

伟大的企业家和伟大的公司是那些会被这些问题激励，而不是被这些问题打败者。关键是你的能力和你的新企业创意是否足够新颖并且能够大胆地为未来的新型企业设置生存模式。

【课堂活动一】

活动内容：创业风险分析。

活动目的：正确识别创业过程中所面临的挑战和所要承担的风险。

活动形式：分小组进行讨论，由小组代表发言提出大学生创业即将面临的挑战和风险，最后请其他小组针对以上风险进行风险规避措施的制定，最后由老师对以上的发言进行总结评价。

【课堂活动二】

活动主题：团队合作。

活动内容：裁判1人，解说1人。说明：如有20人，分为4组，每组5人，每组选一人做探险者，另4人做援助者。探险者站成一排，剩下的援助者正对各自的探险者5米（距离不定）站成一列。游戏开始，解说人说："4位探险开始了他们艰辛的旅程，他们走到沙漠了，天气非常炎热，需要水！"各组援助者必须以最快速度跑过去将水送到探险者手中，由裁判统计分数，最快送到的记4分，往下依次记3分、2分、1分，最后分数高的组获胜。游戏继续，解说人可以临场发挥设定探险者去到的地方和需要的东西。

活动意义：考核成员的反应速度和团队合作情况。

【课后思考实践】

1. 创业过程中，我们遇到了打击该怎么办？
2. 请同学们谈谈，创业过程中我们可以采取哪些方式来舒缓压力。
3. 请同学们谈谈团队合作在创业中所起的作用。
4. 创业过程中会遇到哪些风险？

第二节　用法律保护企业

在当今社会我们扮演了很多种角色，而我们最基本的角色是一个普通的公民，依法办事是公民和企业的责任。

在创办企业之前，我们应该熟悉企业应该承担的法律责任，掌握企业注册、纳税以及劳动合同等具体内容，国家现在的政策越来越开放，也越来越利民，特别是针对大学生创业，不仅有很多优惠的政策还有一定经济补助来鼓励大家创业。

一、企业相关法律知识

要成功地开办一个企业，了解相关的法律知识是必不可少的。与企业新办直接相关的法律主要有以下几项：

法律名称	相关基本内容
企业法	合同法、个人独资企业法、合伙企业法、个体工商管理条例、中外合资合作企业法、乡镇企业法
民法通则	个体工商户、农村承包经营户、个人合伙、企业法人、联营、代理、财产所有权、财产权、债权、知识产权、民事责任
合同法	一般合同的订立、效力履行、变更和转让、权利义务终止、违约责任等
劳动法	促进就业、劳动合同和集体合同、工作时间和休息休假、工资、职业安全卫生、女职工和未成年特殊保护、职业培训、社会保险和福利、劳动争议、监督检查等

企业其他相关的法律有：

会计法、税法、产品质量法、消费者权益法、反不正当竞争法、保险法、环境保护法等。

在了解相关法律的基础上，企业创办者应该树立守法经营观念，要知道法律不仅对企业有约束力的一面，也给企业以法律保护。遵纪守法、诚信经营才能立足和持续发展，这样的企业才会赢得市场。

二、工商行政登记以及企业纳税

注册一家新办的企业，主要有以下几个步骤：

（1）咨询领表；

（2）查询名称；

（3）申请表、章程等材料受理；

（4）领取执照；

（5）办理税务、法人、企业组织代码登记。

在企业创办、开始正常经营之后，企业作为一个合法纳税人就必须履行依法纳税义务。与企业相关的主要税种有：增值税、企业所得税、个人所得税、消费税、关税、城市维护建设费、教育费附加。企业创办者应该熟悉并掌握如何计算企业应纳税额，并进行公司税务筹划以减少公司经营成本。

【案例分析】

长虹——APEX 贸易纠纷案评述

四川长虹集团（下称长虹）与美国具有华人背景的 APEX Digital（下称 APEX）的“贸易欺诈案”曝光后，2003 年 1 月 7 日，长虹发布公告称，目前账面上仍有 46 750 万美元欠款未能收回。长虹第三季季报显示，公司净资产为 132.15 亿元人民币，这 4.6 亿美元相当于净资产的 30%还多。尽管 2003 年年底，长虹总部就专门派出高层去美国与 APEX 和季龙粉就应收账款问题进行交涉，但在未果的情况下，2004 年年初长虹又发了 3 000 多万美元的货给 APEX。其后长虹又多次邀请 APEX 董事局主席季龙粉面谈解决但都被季以种种理由推掉。2004 年 12 月 14 日，长虹被迫在洛杉矶高等法院起诉 APEX。

分析：从法律角度来看，销售合同最关键的法律风险就是付款。

规避方法：销售方可以根据交易实际情况采取多种方式来控制对方不付款的法律风险，如签署信用证、保留货物所有权、寄售、价款担保、保证、现金担保、货物自主回收权、中止履行、强制履行、有效的争议解决手段等等。针对销售活动所在国或地区的不同，中国企业应当与熟悉当地法律规定和实际做法的法律顾问紧密配合，在合同中做出相应规定，将法律风险防患于未然。建立有效的合同管理制度对于企业与合同相关的法律风险防范和管理来说是事半功倍的事情，公司高级管理人员应当引起足够的重视。

企业管理者至少要具备以下素质：对用法律保护企业的意识很重；对企业管理的敏感性和理解力；良好的沟通能力和较强的操作性；独立完成工作的能力和变通的能力。创办初期的企业，在用法律来维权方面，必须给予高度的重视。

【课后思考实践】

1. 思考一下企业在经营过程中会面临的其他风险以及如何用法律手段保护企业。

2. 思考在企业经营过程中企业应该承担那些相关责任。

第七章　新办企业的管理

企业管理就像一条轨道，引领并规范着列车向目标前进；当没有轨道或轨道出现问题时，列车（企业）就会出现问题。由此可见，企业管理是一个企业发展的内在需求，能提高企业的运作效率，明确企业的发展方向。良好的企业管理能提高员工的积极性和主动性，充分发挥员工的潜能，实现企业对人才的需求。企业管理的优劣，亦关系到企业是否能树立良好的企业形象、提高企业的社会效益及经济效益。

通过本章学习，你将能够：

1. 掌握企业管理的内涵；
2. 认识企业管理的目的及意义；
3. 学会灵活使用企业管理的基本方法；
4. 评估自己企业管理的基本能力。

第一节　企业的日常管理

一、企业日常管理概述

（一）企业日常管理的内涵

企业日常管理（Business Management）是对企业的生产经营活动进行组织、计划、指挥、监督和调节等一系列活动的总称，主要指运用各类策略与方法，对企业中的人、机器、原材料、方法、资产、信息、品牌、销售渠道等进行科学管理，从而实现组织目标的活动。这由此对应衍生为各个管理分支：人力资源管理、行政管理、财务管理、研发管理、生产管理、采购管理、营销管理等。通常公司会按照这些专门的业务分支设置职能部门。

（二）企业日常管理的四大方法

1.“抽屉式”管理

“抽屉式”管理，现代管理也称为“职务分析”。当今一些经济发达国家的大中型企业都非常重视“抽屉式”管理和职位分类，并且都在“抽屉式”管理的基础上不同程度地建立了职位分类制度。“抽屉式”管理是指在每个管理人员办公桌的抽屉里都有一个明确的职务工作规范，在管理工作中，既不能有职无权，也不能有责无权，更不能有权无责，必须职、责、权、利相互结合。

企业进行“抽屉式”管理的五个步骤如下：

第一步，建立一个由企业各个部门组成的职务分析小组；

第二步，正确处理企业内部集权与分权的关系；

第三步，围绕企业的总体目标，层层分解，逐级落实职责权限范围；

第四步，编写“职务说明”“职务规范”，制定出对每个职务工作的要求；

第五步，必须考虑到考核制度与奖惩制度相结合。

2. 危机式管理

随着全球经济竞争日趋激烈，世界著名大企业中有相当一部分进入维持和衰退阶段。为改变状况，美国企业较为重视推行“危机式”生产管理，掀起了一股“末日管理”的浪潮。

美国企业界认为，如果一位经营者不能很好地与员工沟通，不能向他的员工表明危机确实存在，那么，他很快就会失去信誉，因而也会失去效率和效益。美国技术公司总裁威廉·伟思看到，全世界已变成一个竞争的战场，全球电信业正在变革中发挥重要作用。因此，他起用两名大胆改革的高级管理人员为副董事长，免去5

名倾向于循序渐进改革的高级人员职务，在职工中广泛宣传某些企业由于忽视产品质量、成本上升以致失去用户的危机。他要全体员工知道，如果技术公司不把产品质量、生产成本及用户时刻放在突出位置，公司的末日就会来临。

3. 一分钟管理

目前，西方许多企业采用了“一分钟”管理法则，并取得了显著成效。具体内容为：一分钟目标、一分钟赞美及一分钟惩罚。所谓一分钟目标，就是企业中的每个人都将自己的主要目标和职责明确地记在一张纸上。每个目标及其检验标准应该在250个字内表达清楚，在一分钟内就能读完。这样，便于每个人明确认识自己为何而干、怎样去干，并且据此定期检查自己的工作。一分钟赞美，就是人力资源激励。具体做法是企业的经理经常花不长的时间，在职员所做的事情中挑出正确的部分加以赞美。这样可以促使每位职员明确自己所做的事情，更加努力地工作，并不断向完美的方向发展。一分钟惩罚，是指某件事本该做好却没有做好，对有关人员首先进行及时批评，指出其错误，然后提醒他“你是如何器重他，不满的是他此时此地的工作”。这样，可以使做错事的人乐于接受批评，并注意避免以后同样错误的发生。

一分钟管理法则妙就妙在它大大缩短了管理过程，有立竿见影之效。一分钟目标，便于每个员工明确自己的工作职责，努力实现自己的工作目标；一分钟赞美可使每个职员更加努力地工作；一分钟惩罚可使做错事的人乐意接受批评，促使他今后工作更加认真。

3. 破格式管理

企业诸多管理最终都要通过对人事的管理达到变革创新的目的。因此，世界发达企业都根据企业内部竞争形势的变化积极实行人事管理制度变革，以激发员工的

创造性。在日本和韩国企业里，过去一直将工作年限作为晋升职员级别和提高工资标准的“年功制度”。这种制度适应了企业快速膨胀时期对用人的要求，提供了劳动力就业与发展的机会。进入20世纪80年代以来，这些发达企业进入低增长和相对稳定阶段，“年功制度”已不能满足职员的晋升欲望，导致企业组织人事的活力下降。90年代初，日本、韩国的发达企业着手改革人事制度，大力推行根据工作能力和成果决定升降员工职务的“破格式”的新人事制度，收到了明显成效。世界大企业人事制度的变革，集中反映出对人之潜力的充分挖掘，以搞活人事制度来完善企业组织结构，注意培养和形成企业内部的“强人”机制，形成竞争、奋发、进取、开拓的新气象。

二、人力资源管理

（一）人力资源的概念

人力资源的概念是由管理大师彼得·德鲁克于1954年在其著作《管理的实践》中首次正式提出并加以确定的。德鲁克指出人力资源和其他所有资源相比而言，唯一的区别就是：它是人，并且拥有其他资源所没有的特征，即协调能力、融合能力、判断能力和想象能力。关于人力资源的概念，国外学术界给出了不同的解释。伊万·伯格（Ivan Berg）认为“人力资源是人类可用于生产产品或提供各种服务的活力、技能和知识”。内贝尔·埃利斯（Nabil Elias）认为“人力资源是企业内部成员及外部的人可提供的潜在服务及有利于企业预期经营的总和”。

对人力资源概念的理解，我国学者仁者见仁、智者见智，观点各异，但总结概括后有以下几种代表性的观点：

1. 劳动力人口观

这种观点主要用于宏观层面的人力资源解释，在研究一个国家或地区的人力资源开发与管理时这种概念比较常用。这种观点认为人力资源等于劳动力，即认为人力资源是具有劳动能力的全部人口，确切地说，是指年满16岁及以上的具有劳动能力的全部人口。

2. 在岗人员观

这种观点通常在度量生产要素投入数量与收益时使用得较多。这种观点认为人力资源是目前正在从事社会劳动的全部人员，指一个国家、一个地区乃至一个组织能够作为生产性要素投入社会经济活动的劳动力人口。这种观点较第一种观点而言，其人力资源范围有所缩小，具有更为积极的意义，并且将人力资源与劳动结合起来，认为只有参与了劳动，才能称为人力资源。但它忽略了在岗人员出工不出力、出力不出潜力、出全力不出效益的现象。

3. 人员素质观

这种观点最近几年才提出，在一般的组织管理中广泛使用。这种观点把人力资源看作是人员素质综合发挥的作用力，认为人力资源是劳动生产过程中可以直接投入的体质、智力、知识、经验和技能等方面的总和，从而将人力资源管理的基本单位由个体观转变为素质观，由人员观转变为人力观。

4. 综合贡献观

这种观点在组织战略分析中运用得较多。这种观点认为人力资源是在一定区域或范围内对国家或组织做出贡献的人员总和。对于一个组织而言，人力资源主要是指存在于企业内部及外部的企业相关人员，包括各级经理、雇员、各类合作伙伴、顾客等可提供潜在合作与服务的、与企业经营活动有关的所有人力的总和。

综合以上各种观点可知，人力资源是指在一定时间与空间范围内，可以被用来产生经济效益和实现发展目标的体力、智力和心力等人力因素的总和，具体表现为体质、智力、知识、经验和技能等方面的总和。

（二）人力资源的特点

人力资源同其他资源相比具有如下特点：

1. 人力资源的社会性和群体性

与物质资源相比，人力资源最本质的属性就是社会性与群体性。这种性质不但体现在人力资源的形成、发展与变化上，而且还体现在人力资源的作用成果上。人力资源的社会性主要体现在人力资源发挥作用的过程中，他们一般都处于不同的劳动群体中，而这种群体性的特征就构成了人力资源社会性的基础。其影响因素主要有人类特定的生产方式和生存条件、社会经济条件和其他社会因素等。

2. 人力资源的内涵性与无形性

从人力资源的概念中我们可以看出，人力资源的实质是完成一定的工作任务所需要的体质、智力、知识、经验和技能等，显然这些都是隐藏于人体之中的，是看不见摸不着的东西，只有通过人的行为才能表现出来。

3. 人力资源的生活性与能动性

人力资源以人的身体为天然载体，蕴藏在生命个体之中，是一种“活”的资源，并与人的自然生理特征相联系，具有生活性。同时，正是这种生活性使人力资源具有了能动性。人力资源的开发和利用，是通过其拥有者自身的活动来完成的，具有主体发挥性，即能动性。这种能动性主要表现为人的创造性。

4. 人力资源的变化性与可控性

自然资源是相对稳定的，但人力资源却因个人、环境的变化而变化，这种变化主要表现在时间与空间上。20 世纪 70 年代的高素质人力资源与 21 世纪的高素质人力资源就不能相提并论；一个单位的高素质人力资源在另外一个单位就不一定是高素质人力资源了。而且培育人力资源的社会环境的变化也会导致人力资源的变化，但这种变化相对自然资源来说是可控的。这种可控性主要通过人的能动性表现出来，具体是指人力资源不仅能够控制企业的其他资源，而且还能控制其自身。

（三）人力资本的概念

人力资本的明确概念是由1979年的诺贝尔经济学奖获得者西奥多·舒尔茨（Theodore Schultz）在20世纪60年代提出的。在1960年美国经济学年会上，舒尔茨以美国经济学会会长的身份发表了题为《人力资本的投资》的演讲，认为人力资本主要是指凝集于劳动者本身的知识、技能及其所表现出来的劳动能力，这种劳动能力对经济成长的贡献远比物质资本和劳动力数量重要。舒尔茨主要从经济发展特别是农业发展的角度来研究人力资本。他认为土地本身不是导致贫困的关键因素，而改善人口质量的投资，能显著改善穷人的经济前景和福利。

舒尔茨主要从宏观上分析了人力资本，而1992年诺贝尔经济学奖获得者加里·贝克尔（Garys Becker）则在人力资本理论的一般分析框架下促进了人力资本理论研究与实际应用的发展。贝克尔指出，人力资本理论可以解释很多复杂的现象，这些现象主要包括：

（1）随着年龄的增长，劳动者的收入也会同时增长，但这种增长会逐渐减慢，而且这种增长及其减慢的速度与劳动者的技能水平正相关；

（2）劳动者的失业风险往往与其技术水平负相关；

（3）年轻人比年纪大的人获得了更多的学校教育和在职培训，同时他们也更频繁地跳槽；

（4）能力强的人接受的教育和在职培训更多；

（5）典型的人力资本投资者比典型的有形资本投资者更具进取心。

对人力资本的含义，不同的研究者从不同的角度给出了不同的说法，但最具有代表性的还是人力资本理论的开创者舒尔茨为人力资本下的定义，可归纳为：人力资本是为未来长期受益而通过投资获得的、最终表现为人的知识、技能、经验和技术熟练程度等。这种人力资本投资比物质资本投资在提高生产力的过程中有更高的收益，具有收益递增的特性，它是社会进步的决定性因素。根据舒尔茨的论述，可以将人力资本概括为如下五个要点：

（1）人力资本体现在人的身上，表现为人的知识、技能、资历、经验和熟练程度等；

（2）从经济发展的角度看，人力资本是稀缺的；

（3）人力资本是通过对教育、健康的投资而形成的资本，从这个意义上讲，教育和健康支出是生产型的；

（4）人力资本像一切资本一样，都应当获得回报；

（5）人力资本对经济发展起着越来越大的作用。

（四）人力资本的特点

人力资本作为一种特殊的资本，除具有与其他资本相同的特点外，还有以下特征：

1. 不可剥夺性

人力资本是存在于人体内的私有资本，与其所有者是天然不可分的，他人无法剥夺和占有。

2. 外部性

人力资本不仅对人力资本所有者本身有影响，而且对周围的人也有影响，而且这种影响有正负之分。例如，个人知识的增加带来周围人生产率的提高即为正效应，而个人生病缺岗影响整个组织的工作效率即为负效应。国家、企业和个人都应当有效地利用人力资本的正效应，避免负效应，从而提高人力资本运营的效率。

3. 增值性

这是人力资本最特殊的性质。物质资本随着使用数量的上升，其资本存量不断下降；人力资本随着使用时间的延长，其资本存量却是不断上升，尤其当人们注重工作经验时这一增值性更为明显。

4. 专用性

随着市场经济的发展，社会专业化越来越突出，人力资本的所有者不可能学习、掌握所有的专业化知识和社会技能，而只能掌握特定的专业化知识和技能。社会教育和技能决定了人力资本的专用性。

5. 差异性

差异性主要表现在投资收益上，相同的花费因为被投资者不同，所获得的收益具有差异性。

6. 收益递增性

人力资本和其他资本一样，能带来收益，而且这种收益呈现出递增的趋势。

（五）人力资源与人力资本的联系

人力资源和物质资源一样，是客观存在的经济资源。在市场经济条件下，进入企业的已不仅仅是传统的劳动力，而是带有浓重资本性质的人力资源，即资本化了的人力资源。只有实现了人力资源的资本化，人们的发展观才能真正实现从以物为本向以人为本的转变。

从人力资源和人力资本的相关分析看，人力资本是人力资源投资的结果。人力资源资本化是提高人力资源存量的过程，即通过对人力资源进行管理和开发，强化人力资源的质量，提高人力资源的能动性，减少出工不出力的人力资源隐性流失现象，并实现人力资本最大化的过程。

人力资源资本化在本质上是人力资源向人力资本转化的动态过程，是将人力资源的相关投资性支出，通过一定规则转化为人力资本的过程。该过程具体表现为：人力资源在接受企业投资后，依附于劳动者身上的，并且可以最终作为获利手段使用的知识、技能、经验等，按照“量变—阶段性质变—质变”的逻辑顺序实现存量增值，通过与其他资本的结合，进入生产过程和流通领域，最终为企业创造出卓越的绩效。因此，完整的人力资源资本化运作，必须以人力资源投资为前提，并通过有效的人力资源管理将静态的、潜在的人力资源“激活”，使之成为能够直接投入生产的资本，从而形成组织的竞争优势。一般情况下，培训是将人力资源资本化的重要手段之一。企业通过培训投资，可以提高员工素质，加强组织凝聚力，改变员工的工作态度，更新员工的工作技能，改善员工的知识结构，激发员工的创造力和潜能并最终实现人力资源资本化。

（六）人力资源规划的含义

伴随着知识经济的到来，人力资源的竞争日益成为竞争的焦点。一个组织如果要维持生存和发展，就必须顺应环境的变化，拥有足够的人力资源、良好的人员结构和较强的员工竞争能力，从而就必须进行人力资源规划。

对人力资源规划这一概念的理解和认识，众说纷纭，理论界的观点大致有以下几种：

（1）人力资源规划，有时也被称为人力资源计划。它的定义是：使恰当数量的合格人员在合适的时间进入合适的工作岗位的过程。此外，还有另一种定义，即“人力资源规划是使人员的供给——内部的（现有的员工）和外部的（要雇用或在寻找的员工），在给定的时间范围内与组织预期的空缺相匹配的系统”。

（2）人力资源规划是指“企业根据战略发展目标与任务要求，科学地预测、分析自己在变化的环境中的人力资源供给和需求情况，制定必要的政策和措施，以确保企业在需要的时间和需要的岗位上获得各种需要的人才的过程”。

（3）企业人力资源规划是指“根据企业的发展战略、企业目标及企业内外环境的变化，科学地分析和预测未来的企业对人力资源的需求和供给状况，并据此制定和调整相应的政策和实施方案，以确保企业在恰当的时间、在不同的职位获得恰当人选的动态过程”。

（4）人力资源规划是指“在企业发展战略和经营规划的指导下进行人员的供需平衡，以满足企业在不同发展时期对人员的需求，为企业的发展提供符合质量和数量要求的人力资源保证”。简单地讲，人力资源规划就是对企业在某个时期内的人员供给和人员需求进行预测，并根据预测的结果采取相应的措施来平衡人力资源的供需。

（5）人力资源规划是指“使企业稳定地拥有一定质量和必要数量的人力，为实现包括个人利益在内的整个组织的目标而拟定的一套措施，从而求得人员需求量和人员拥有量在企业未来发展过程中的相互匹配”。

通过对以上定义的理解，对于人力资源规划的概念，我们应着重把握以下要点：

（1）人力资源规划随组织环境的发展而变化，以保证人力资源与未来企业发展阶段的动态平衡。

（2）人力资源规划的核心是保持未来人力资源供给与需求的平衡，即系统化地评价人力资源供给与需求。人力资源规划是对人力资源进行调整、配置和补充的过程。

（3）人力资源规划应以组织发展战略为出发点，要求组织人力资源在数量、质量、结构上与组织生产的物质基础相适应。

（4）人力资源规划要求在完成组织目标的同时，兼顾员工福利的实现，充分激发员工的积极性和创造性，使人力资源的供给和需求达到最佳平衡，使组织和员工的价值实现最大化。

因此，所谓人力资源规划，可以界定为：人力资源规划主体在组织战略的指引下，在组织内部现有的资源和能力条件下，按照组织战略目标的要求，客观、充分、科学地分析实现组织愿景和组织目标所需的人力资源的数量、质量、种类以及结构，同时分析组织外部和内部环境对所需人力资源的供给情况，对组织人力资源的供给与需求进行预测，并尽可能地平衡人力资源的供给与需求，引导组织的人力资源管理活动更好地与组织的整体活动协调，保证人力资源管理目标与组织目标一致，从而促进实现组织战略目标的过程。

人力资源规划是组织发展战略的重要组成部分，也是组织各项人力资源管理工作的起点和依据。组织的人力资源规划要和组织的整体规划，如组织发展战略、组织经营计划、组织年度计划等相互配合和支持，同时也要和人力资源管理的各项工作，如工作分析、招聘管理、培训管理、绩效管理和薪酬管理等相互协调。

（七）人力资源规划的内容

1. 狭义人力资源规划

（1）人员配备计划

企业按照内外部环境的变化，采取不同的人员管理措施（比如使员工在企业内部合理流动、对岗位进行再设计等）以实现企业内部人员的最佳配置。例如，当企业要求某岗位上的员工同时具备其他岗位的经验或知识时，就可以让此岗位上的员工定期地、有计划地流动，以提高其知识技能，使之成为复合型人才。再比如，当人员过剩时，企业可以通过岗位再设计对企业中不同岗位的工作量进行调整，解决工作负荷不均的问题。

（2）人员补充计划

人员补充计划是企业根据组织运行的实际情况，对企业在中、长期内可能产生的空缺职位加以弥补的计划，旨在促进人力资源数量、质量和结构的完善。一般来讲，人员补充计划是和人员晋升计划相联系的，因为晋升计划会造成组织内的职位空缺，并且这种职位空缺会逐级向下移动，最后导致企业对较低层次的人员需求加大。所以，在企业进行招聘录用活动时，必须预测未来的一段时间内（比如1~2年）员工的使用情况。只有这样，才能制定出合理的人员补充计划，保证企业在每一发展阶段都有适合的员工担任各种岗位工作。

（3）人员晋升计划

人员晋升计划是企业根据企业目标、人员需要和内部人员分布状况制订的员工职务提升方案。对企业来说，要尽量使人与事达到最佳匹配，即尽量把有能力的员工配置到能够发挥其最大作用的岗位上去，这对于调动员工的积极性和提高人力资源利用率是非常重要的。职务的晋升，意味着责任与权限的增大，根据赫兹伯格的双因素理论，责任与权限都属于工作的激励因素，它们的增加对员工的激励作用巨大。因此，人员晋升计划的最直接作用就是激励员工。

晋升计划的内容一般由晋升条件、晋升比率、晋升时间等指标组成。企业的晋升计划是分类制订的，每一个晋升计划都可以用这些指标清楚地表示。企业在制订员工晋升计划时应该全面地衡量上述指标，慎重考虑，以免使员工感到不公平，进而对员工已有的平等竞争环境和企业的经营效益造成不良的影响。

2. 广义人力资源规划

广义的人力资源规划，按照年度编制的计划，除了上述三种人员计划之外，还包括：

（1）人员培训开发计划

人员培训开发计划就是企业通过对员工有计划地培训，引导员工的技能发展与企业的发展目标相适应的策略方案。人力资源是一种再生性资源，企业可以通过有计划、有步骤的分门别类的培训来开发人力资源的潜力，培养出企业发展所需的合格人才。企业人员培训的任务就是设计针对现有员工的培训方案、生理与心理保健方案。

（2）员工薪酬激励计划

薪酬激励计划一方面是为了保证企业人工成本与企业经营状况之间恰当的比例关系，另一方面是为了充分发挥薪酬的激励功能。企业通过薪酬激励计划，可以在预测企业发展的基础上，对未来的薪酬总额进行预测，并设计、制定、实施未来一段时期的激励措施，如激励方式的选择，以充分调动员工的工作积极性。

（3）员工职业生涯规划

员工职业生涯规划既是员工个人的发展规划，又是企业人员规划的有机组成部分。企业通过员工职业生涯规划，能够把员工个人的职业发展与组织需要结合起来，从而有效地留住人才，稳定企业的员工队伍。特别是对那些具有相当发展潜力的员工，企业可以通过个人职业生涯规划的制定，激发他们的主观能动性，使其在企业中发挥出更大的作用。

（4）其他计划

其他计划包括劳动组织计划、员工援助计划、劳动卫生与安全生产计划等。

（八）人力资源规划的作用

1. 人力资源规划的战略作用

在组织环境变化的条件下，任何组织都会不断地追求生存和发展的空间，人力资源的获得和运用是其中最主要的制约因素。无论是人员需求量、供给量的确定，还是职务、人员以及任务的调整，不通过一定的规划是难以有效实现的。将人力资源规划提升到组织发展战略的高度，与组织的其他发展策略结合，为组织的人力资源管理提供了方向、指明了道路，可以保证从人力资源方面协助组织各部门实现组织目标，提高组织的工作绩效。

2. 人力资源规划的先导作用

人力资源规划具有前瞻性，通过对组织未来环境的预测，可以及时为组织人员的录用、晋升、培训、调整以及用人成本的控制等，提供准确的信息和依据。人力资源规划能预先监测到组织发展对人力资源需求的动向，可以及早引导组织开展相应的人力资源工作，以免组织面对环境的变化措手不及。因此，人力资源规划有助于组织把握未来发展趋势，能够引导组织的人力资源决策，有助于组织帮助员工开展职业生涯规划。

3. 人力资源规划的保障作用

预测人力资源供求差异并进行调整，是人力资源规划的基本职能。对于一个动态的组织来说，组织的内外环境由于种种原因处在不断变化之中。外界环境的变化、组织内部人员的离职等都会造成人力资源缺口。这种缺口不可能自动修复。人力资源规划可以通过对供求差异的分析，采取适当的措施吸引和留住组织所需的人员，同时调整这种差异，保证适时满足组织对人力资源的各种需求。

4. 人力资源规划的控制作用

人力资源规划一方面通过对组织现有人力资源结构的分析，预测和控制组织人员的变化，逐步调整人员结构，使之趋于合理，促进人力资源的高效使用；另一方面通过有效的薪酬规划，尽可能降低用人成本。因此，在预测未来组织发展的条件下，有计划地逐步调整人员的分布状况，把用人成本控制在合理的范围内并加强人力资源规划，就显得非常重要。

5. 人力资源规划的激励作用

人力资源规划有助于调动员工的积极性。通过合理的人员培训和调配规划，员工能够找到适合自己的岗位，充分发挥自己的潜能；通过晋升和薪酬规划，员工可以看到自己的发展前景，从而更有工作积极性。

6. 人力资源规划的协调作用

人力资源管理是一个系统的过程，而人力资源规划又是人力资源管理工作的基础之一。它将人力资源管理的各项活动连接在一起，使组织的人力资源管理者在及时了解人力资源变化的基础上，协调各方面的关系，改进相应的策略，有效地利用人力资源，促进组织的发展。

【案例分析】

招聘

位于北京东单东方广场的某外资 SP 公司因发展需要在 2005 年 10 月底从外部招聘新员工。期间先后招聘了两位行政助理（女性），结果都失败了。具体情况如下：

第一位：A。入职的第二天就没来上班，没有来电话，上午公司打电话联系不到本人。经她弟弟解释，她不打算来公司上班了，具体原因没有说明。下午，她本人终于接电话，不肯来公司说明辞职原因。三天后又来公司，中间反复两次，最终决定不上班了。她的工作职责是负责前台接待。入职当天晚上公司举行了聚餐，她和同事谈得也挺愉快。她自述的辞职原因是：工作内容和自己预期不一样，琐碎繁杂，觉得自己无法胜任前台工作。人力资源部（HR）对她的印象是：内向，有想法，不甘于做琐碎的接待工作，对批评（即使是善意的）非常敏感。

第二位：B。工作十天后辞职。B 的工作职责是负责前台接待、出纳、办公用品采购、公司证照办理与手续变更等。自述辞职原因是：奶奶病故了，需要辞职在家照顾爷爷（但是当天身穿大红毛衣，化彩妆）。透露家里很有钱，家里没有人给人打工。给 HR 的印象是：形象极好，思路清晰，沟通能力强，行政工作经验丰富。给总经理的印象是：商务礼仪不好，经常是小孩姿态，做出撒娇的样子，需要进行商务礼仪的培训。

招聘流程：①公司在网上发布招聘信息。②总经理亲自筛选简历。筛选标准：本科应届毕业生或者年轻的，最好有照片，看起来漂亮的，学校最好是名校。③面试：如果总经理有时间就总经理直接面试。如果总经理没时间就由 HR 进行初步面试，总经理最终面试。新员工的工作岗位、职责、薪资、入职时间都由总经理定。④面试合格后录用，没有入职前培训，直接进入工作。

公司背景：此公司是一国外 SP 公司在中国投资的独资子公司，主营业务是为电信运营商提供技术支持，提供手机移动增值服务，手机广告。该公司所处行业为高科技行业，薪水待遇高于其他传统行业。公司位于北京繁华商业区的著名写字楼，对白领女性具有很强的吸引力。总经理为外国人，在中国留过学，自认为对中国很了解。

被招聘的员工背景：

A：23 岁，北京人，专科就读于北京工商大学，后转本就读于中国人民大学。2004 年 1~12 月做过少儿剑桥英语教师。

B：21 岁，北京人。学历大专，就读于中央广播电视大学电子商务专业。上学期间在两个单位工作过：一个为拍卖公司，另一个为电信设备公司。职务分别为商务助理和行政助理。B 在 2004 年曾参加瑞丽封面女孩华北赛区复赛，说明 B 的形象气质均佳。

招聘行政助理连续两次失败，作为公司的总经理和 HR 觉得这不是偶然现象，在招聘行政助理方面肯定有重大问题。问题出在什么地方呢？

【课堂活动】

活动形式：请有意向、感兴趣的同学上台进行角色扮演。让其他同学置身其间，感受氛围。

活动内容：某公司是一家日化产品生产企业。几年来，公司业务一直发展很好，销售量逐年上升。每到销售旺季，公司就会到人才市场大批招聘销售人员，一到销售淡季，公司又会大量裁减销售人员。就这件事，某公司销售经理陈鸿飞曾给总经理蒋明浩提过几次意见，而蒋总却说：人才市场中有的是人，只要工资待遇高，还怕找不到人吗？一年四季把他们“养”起来，这样做费用太高了。这样，某公司的销售人员流动性很大，包括一些销售骨干也纷纷跳槽，蒋总对销售骨干还是极力挽留，但没有效果，他也不以为然，仍照着惯例，派人到人才市场中去招人来填补空缺。终于出事了，在去年某公司销售旺季时，跟随蒋总多年的陈鸿飞和公司大部分销售人员集体辞职，致使某公司销售工作一时近乎瘫痪。这时，蒋总才感到问题有些严重。因为人才市场上可以招到一般的销售人员，但不一定总能找到优秀的销售人才和管理人才。在这种情势下，他亲自来到陈鸿飞家中……

请同学们相互扮演各自角色。再让总经理蒋明浩去说服这些人。

活动目的：让公司纠正传统的以“事”为中心，而不是以“人”为中心的管理偏差，树立正确的人力资源观。

【课后思考实践】

1. 人力资源规划的内容有哪些？谈谈你对它们的认识。
2. 如果你是伯乐，怎样发现自己的千里马？

三、绩效考评管理

(一) 绩效考评概述

绩效考评，是人力资源管理的核心职能之一，是指评定者运用科学的方法、标准和程序，对行为主体与评定任务有关的绩效信息（业绩、成就和实际作为等）进行观察、收集、组织、贮存、提取、整合并尽可能做出准确评价的过程。

(二) 绩效考评模式

常用的绩效考核模式有以下几种。

1. 关键绩效指标（Key Performance Indicator，KPI）考核

KPI 考核是通过对工作绩效特征的分析，提炼出最能代表绩效的若干关键指标体系，并以此为基础进行绩效考核的模式。KPI 必须是衡量企业战略实施效果的关键指标，其目的是建立一种机制，将企业战略转化为企业的内部过程和活动，以不断增强企业的核心竞争力并使其持续取得高效益。

KPI 考核的一个重要的管理假设就是一句管理名言：“你不能度量它，就不能管理它。”所以，KPI 一定要抓住那些能有效量化的指标或者将之有效量化。而且，在实践中，可以“要什么，考什么”，应抓住那些亟待改进的指标，提高绩效考核的灵活性。KPI 一定要抓住关键而不能片面与空泛。当然，KPI 的关键并不是越少越好，而是应抓住绩效特征的根本。

2. 目标管理法（Management by Objective，MBO）

作为一种成熟的绩效考核模式，始于管理大师彼得·得鲁克的目标管理模式迄今已有几十年的历史了，如今也广泛应用于各个行业。目标管理的模式为：为了保证目标管理的成功，确立目标的程序必须准确、严格，以达成目标管理项目的成功推行和完成；目标管理应该与预算计划、绩效考核、工资、人力资源计划和发展系统结合起来；要弄清绩效与报酬的关系，找出这种关系之间的动力因素；要把明确的管理方式和程序与频繁的反馈相联系；绩效考核的效果大小取决于上层管理者在这方面的努力程度，以及他和下层管理者的人际关系和沟通水平；之后的目标管理计划准备工作在当前的目标管理实施的末期之前完成，年度的绩效考评作为最后参数纳入预算之中。

3. 平衡记分卡（The Balance Scorecard，BSC）

平衡记分卡从财务、顾客、内部业务过程、学习与成长四个方面来衡量绩效。平衡记分法一方面考核企业的产出（上期的结果），另一方面考核企业未来成长的潜力（下期的预测）；再从顾客角度和内部业务角度两方面考核企业的运营状况参数，充分把公司的长期战略与公司的短期行动联系起来，把远景目标转化为一套系统的绩效考核指标。

4. 360 度反馈（360° Feedback）

360 度反馈也称全视角反馈，是被考核人的上级、同级、下级和服务的客户等对他进行评价，通过评论知晓各方面的意见，清楚自己的长处和短处，从而达到提高自己的目的。

5. 主管述职评价

述职评价是由岗位人员作述职报告，把自己的工作完成情况和知识、技能等反映在报告内的一种考核方法。其主要针对企业中、高层管理岗位进行考核。述职报告可以在总结本企业、本部门工作的基础上进行，但重点是报告本人履行岗位职责的情况，即该管理岗位在管理本企业、本部门完成各项任务中的个人行为以及本岗位所发挥作用状况。

不同绩效考核模式或方法的特征如下：

KPI模式强调抓住企业运营中能够有效量化的指标，提高了绩效考核的可操作性与客观性；MBO模式将企业目标通过层层分解下达部门以及个人，强化了企业监控与可执行性；BSC模式从企业战略出发，不仅考核当前的情况，还考核将来，不仅考核结果，还考核过程，适应了企业战略与长远发展的要求，但不适合对初创公司的衡量；360度绩效反馈评价有利于克服单一评价的局限，但主要用于能力开发；主管述职评价仅适用于中高层主管的评价。

每一种绩效考核模式或方法都反映了一种具体的管理思想和原理，都具有一定的科学性和合理性，同时，不同的模式或方法又有自己的局限性与适用条件范围。

（三）绩效考评存在的误区

绩效考评的误区主要包括以下几方面：

1. 传统文化中的消极方面和意识观念影响考评系统的运作

中华传统文化博大精深，但其中一些不适应现代社会发展的方面，必然反映到考评系统中。比较典型的，诸如求同心理、官本位、人情、关系网等。求同心理反映到考评中，就是你好、我好、大家都好，而拉不开差距；官本位反映到考评中，多表现为强调政治素养而且长官意识十分严重；人情和关系网反映到考评中，则是关系好或是网中人，考评结果就较好，反之则较差。

2. 没有进行职位分析

在我国企业中，职位分析还未受到普遍的重视，岗位职责模糊。这样，一是失去了判断一个岗位工作完成与否的依据，从而岗位目标难以确定，导致难以进行科学考评；二是各岗位忙闲不均，存在着同一职级的不同岗位之间工作量的大小、难易程度差别较大。结果，在其他表现差不多、工作任务也都完成的情况下，往往工作量大、工作难度高的岗位上的员工没有被评为优秀。

3. 考评结果全部由最高领导人审定

企业的每层上级都有权修改员工的考评评语。尽管各层领导由于所站的角度不同，可能会产生意见分歧，但是，官大说了算，最终以最高领导人的评定为准。这样，一方面，被考评者的直接上级感到自己没有实权而丧失了责任感；另一方面，员工也会认为直接上级没有权威而不服从领导，走“上层路线”，使企业内的正常指挥秩序遭到破坏。此外，考评结果的最终裁决权掌握在最高领导者手中：很多情况下，考评结果最终会送到最高领导人那里去审批。这实际上是把员工对考评结果可能存在的不满转嫁到最高领导人身上，现实中员工对企业领导人的不满大多数就是这样产生的。

4. 采用单一的、省时省力的综合标准

采用单一的、省时省力的综合标准，不仅模糊性大，而且执行偏差也大。结果，评先进变成评“人缘”，选拔干部变成搞平衡，存在着轮流坐庄现象。并且，综合标准有千篇一律的倾向——不论是高级领导人还是初、中级员工，往往都用一个标准去评价，没有顾及人才有能级差异的客观现实。

5. 将考评等同于考察

考评与考察，一字之差，但内涵却相去甚远：二者的差异，主要体现在手段、内容表述和结果表现形式上。考察，在手段上，一般采用谈话、了解情况的方式，任前考察是最主要的手段，其他如年度考察、专项考察等一般不受重视，要提拔才考察、不提拔则不考察已经成为惯例；在内容表述上，空洞，优点一大堆，缺点轻描淡写、一笔带过、不触及实质问题，对成绩的取得往往缺乏真正科学的评价，常常是一个成绩大家用，一顶帽子大家戴；在结果表现上，体现为考察报告，往往泛泛而谈，达标即止。

6. 黑箱作业，缺乏反馈

原有的人事考评主观色彩极浓，缺乏可以随时公开的客观资料，或者由于主管不愿与员工面对面地检讨，往往将考评表格填完之后，就直接送到人事部门归档。这样，员工不知道自己业绩的好坏，不仅成为滋生“干多干少一个样”思想的温床，也无从改进绩效。如此，绩效考评就没有起到其应有的激励和改进作用。

7. 没有就考评结果与员工面谈

考评面谈可以有效地检讨员工的工作绩效，使员工有机会提出改进工作绩效的办法，主管也得以借此修正员工的工作责任、目标及绩效指标，并且可以进一步了解员工是否需要接受更多的训练和辅导。此外，考评面谈还能拓展主管与员工的共同联系渠道。

8. 没有让考评结果充分发挥效用

在一些企业中，由于平均主义的思想残余还十分严重，因而考评结果的使用力度不大，缺乏吸引力。或者，由于配套机制的缺乏，诸如岗位目标责任制、能上能下制度、奖惩制度等尚不完善，以致在实践中对考评结果的使用即使“有心”也“无力”。

(四) 建立绩效考评体系

1. 选取考评内容的原则

考评内容主要是以岗位的工作职责为基础来确定的，但要注意遵循下述三个原则：

（1）与企业文化和管理理念保持一致。考评内容实际上就是对员工工作行为、态度、业绩等方面的要求和目标，它是员工行为的导向。考评内容是企业组织文化和管理理念的具体化和形象化，在考评内容中必须明确企业在鼓励什么、在反对什么，从而给员工以正确的指引。

（2）要有侧重。考评内容不可能包括该岗位上的所有工作内容，为了提高考评的效率，降低考评成本，并且让员工清楚工作的关键点，考评内容应该选择岗位工作的主要内容进行考评，不要面面俱到。这些主要内容实际上已经占据了员工 80% 的工作精力和时间。另外，对难于考核的内容也要谨慎处理，认真分析它的可操作性和它在岗位整体工作中的作用，不考评无关内容。

（3）绩效考评是对员工的工作考评，对不影响工作的其他任何事情都不要进行考评。比如说员工的生活习惯、行为举止、个人癖好等内容都不宜作为考评内容出现，如果这些内容妨碍到工作，其结果自然会影响到相关工作的考评成绩。

2. 对考评内容进行分类

为了使绩效考评更具有可靠性和可操作性，应该在对岗位的工作内容分析的基础上，根据企业的管理特点和实际情况，对考评内容进行分类。比如将考评内容划分为“重要任务”考评、“日常工作”考评和“工作态度”考评三个方面。

“重要任务”是指在考评期内被考评人的关键工作，往往列举 1~3 项最关键的即可，如对于开发人员可以是考评期的开发任务，销售人员可以是考评期的销售业绩。“重要任务”考核具有目标管理考核的性质。对于没有关键工作的员工（如清洁工）则注意不进行“重要任务”的考评。

“日常工作”的考核条款一般以岗位职责的内容为准，如果岗位职责内容过杂，可以仅选取重要项目考评。它具有考评工作过程的性质。

“工作态度”的考核可选取对工作能够产生影响的个人态度，如协作精神、工作热情、礼貌程度等，对于不同岗位的考评有不同的侧重。比如，“工作热情”是行政人员的一个重要指标，而“工作细致”可能更适合财务人员。另外，要注意一些纯粹的个人生活习惯等与工作无关的内容不要列入“工作态度”的考评内容。不同分类的考评内容，其具体的考评方法也不同。

3. 编写考评题目及制定考评尺度

（1）编写考评题目

在编写考评题目时，要注意以下几个问题：首先，题目内容要客观明确，语句要通顺流畅、简单明了，不会产生歧义；其次，每个题目都要有准确的定位，题目与题目之间不要有交叉内容，同时也不应该有遗漏；最后，题目数量不宜过多。

（2）制定考评尺度

考评的尺度一般使用五类标准：极差、较差、一般、良好、优秀。也可以使用分数，如0~10分，10分是最高分；对于不同的项目根据重要性的不同，需使用不同的分数区间。使用五类标准考评时，在计算总成绩时也要使用不同的权重。

为了提高考评的可靠性，考评的尺度应该尽可能细化，如果做成“优秀”“良好”“一般”“较差”“极差”等比较抽象，考评人容易主观判断从而产生误差，我们可以将每个尺度都进行细化，这样情况会好得多。

（五）考评方法

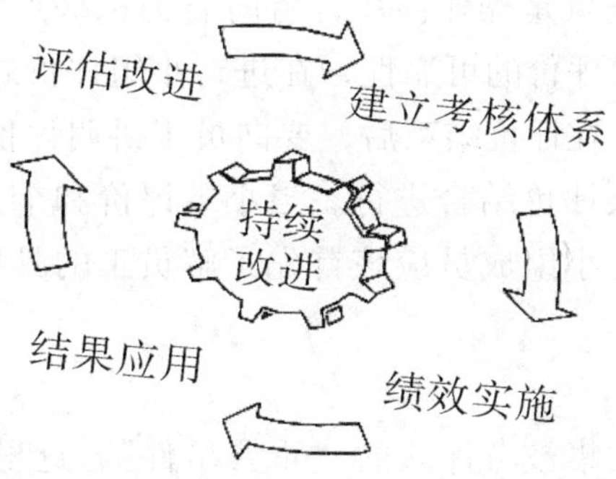

绩效考评方法主要包括以下几种：

1. 等级评估法

等级评估法是绩效考评中常用的一种方法。根据工作分析，将被考评岗位的工作内容划分为相对独立的几个模块，在每个模块中用明确的语言描述完成该模块工作需要达到的工作标准。同时，将标准分为几个等级，如“优”“良”“合格”“不合格”等，考评人根据被考评人的实际工作表现，对每个模块的完成情况进行评估。总成绩便为该员工的考评成绩。

2. 目标考评法

目标考评法是根据被考评人完成工作目标的情况来进行考核的一种绩效考评方式。在开始工作之前，考评人和被考评人应该对需要完成的工作内容、时间期限、考评的标准达成一致。在时间期限末，考评人根据被考评人的工作状况及原先制定的考评标准进行考评。目标考评法适合于企业中试行目标管理的项目。

3. 序列比较法

序列比较法是对相同职务员工进行考核的一种方法。在考评之前，首先要确定考评的模块，但是不确定要达到的工作标准。将相同职务的所有员工在同一考评模块中进行比较，根据他们的工作状况排列顺序，工作较好的排名在前，工作较差的排名在后。最后，将每位员工几个模块的排序数字相加，就是该员工的考评结果。总数越小，绩效考评成绩越好。

4. 相对比较法

与序列比较法相仿，它也是对相同职务员工进行考核的一种方法。所不同的是，它是对员工进行两两比较，任何两位员工都要进行一次比较。两名员工比较之后，工作较好的员工记“1”，工作较差的员工记“0”。所有的员工相互比较完毕后，将每个人的成绩进行相加，总数越大，绩效考评的成绩越好。与序列比较法相比，相对比较法每次比较的员工不宜过多，范围为5~10名。

5. 小组评价法

小组评价法是指由两名以上熟悉该员工工作的经理组成评价小组进行绩效考评的方法。小组评价法的优点是操作简单，省时省力；缺点是容易使评价标准模糊，主观性强。为了提高小组评价的可靠性，在进行小组评价之前，应该向员工公布考评的内容、依据和标准。在评价结束后，要向员工讲明评价的结果。在使用小组评价法时，最好和员工个人评价结合进行。当小组评价和个人评价结果差距较大时，为了防止考评偏差，评价小组成员应该首先了解员工的具体工作表现和工作业绩，然后再做出评价决定。

6. 重要事件法

考评人在平时注意收集被考评人的“重要事件”，这里的“重要事件”是指被考评人的优秀表现和不良表现，对这些表现要形成书面记录。对普通的工作行为则不必记录。根据这些书面记录进行整理和分析，最终形成考评结果。该考评方法一般不单独使用。

7. 评语法

评语法是指由考评人撰写一段评语来对被考评人进行评价的一种方法。评语的内容包括被考评人的工作业绩、工作表现、优缺点和需努力的方向。评语法在我国应用得非常广泛。由于该考评方法主观性强，最好不要单独使用。

8. 强制比例法

强制比例法可以有效地避免由于考评人的个人因素而产生的考评误差。根据正态分布原理，优秀的员工和不合格的员工的比例应该基本相同，大部分员工应该属于工作表现一般的员工。所以，在考评分布中，可以强制规定优秀人员的人数和不合格人员的人数。比如，优秀员工和不合格员工的比例均占20%，其他60%属于普通员工。强制比例法适合相同职务员工较多的情况。

9. 情景模拟法

情景模拟法是一种模拟工作考评方法。它要求员工在评价小组人员面前完成类似于实际工作中可能遇到的活动，评价小组根据完成的情况对被考评人的工作能力进行考评。它是一种针对工作潜力的一种考评方法。

10. 泛化的项目管理法

采用项目的方式去处理。领导采用泛化的项目管理理念，也是轻量级的项目管理方式，因此公司管理中的各项事务可以创建为项目，可以将部门内的工作按项目去管理，也可将突发的事情创建为一个新项目，项目成员可以打破部门的限制自由组合。这样管理者能够很自由地利用现有的资源，去有序地应对突发事件，快速解决企业的问题，保障企业能够良好地运作。

11. 综合法

顾名思义，综合法就是将各类绩效考评方法综合运用，以提高绩效考评结果的客观性和可信度。在实际工作中，很少有企业使用单独一种考评方法来进行绩效考评工作。

（六）考评流程

人力资源部负责编制考评实施方案，设计考评工具，拟订考评计划，对各级考评者进行培训，并提出处理考评结果的应对措施，供考评委员会决策。

各级主管组织员工撰写述职报告并进行自评。

所有员工对本人在考评期间内的工作业绩及行为表现（工作态度、工作能力）进行总结，核心是对照自己的职责和目标要求进行自我评价。

部门主管根据受评人日常工作目标完成程度、管理日志记录、考勤记录、统计资料、个人述职等，在对受评人各方面表现充分了解的基础上，负责进行客观、公正的考核评价，并指出对受评人的期望或工作建议，交部门上级主管审核。

如果一个员工有双重直接主管，就由其主要业务直接主管负责协调另一业务直接主管对其进行考评。

各级主管负责抽查间接下属的考评过程和结果。

主管负责与下属进行绩效面谈。当直接主管和员工就绩效考核初步结果谈话结束后，员工可以保留自己的意见，但必须在考评表上签字。员工若对自己的考评结果有疑问，有权向上级主管或考评委员会反映或申诉。

对于派出外地工作的员工，反馈面谈由该员工所在地的直接主管代为进行。

人力资源部负责收集、汇总所有考评结果，编制考评结果一览表，报公司考评委员会审核。

考评委员会听取各部门分别汇报，对重点结果进行讨论和平衡，纠正考评中的偏差，确定最后的评价结果。

人力资源部负责整理最终考评结果，进行结果兑现，分类建立员工绩效考评档案。

各部门主管就绩效考评的最终结果与下属面谈沟通，对受评人的工作表现达成一致意见，肯定受评人的优点所在，同时指出有待改进的问题和方面，双方共同制定可行的绩效改进计划和个人发展计划，提高个人及组织绩效。

人力资源部对本次绩效考评成效进行总结分析，并对以后的绩效考评提出新的改进意见和方案，规划新的人力资源发展计划。

绩效考核是一门科学，需要不断引入新的理念、方法和艺术。只有不断用科学发展观及时完善考核机制，才能使管理由经验、粗放向科学、精细转变，从而提高管理水平，以适应企业发展的要求。

首先，应准确把握绩效考评的度。绩效考评机制往往体现为一定的量化标准，为了提高考评的可靠性，考评的内容应尽可能细化。但是如果将每个尺度进行细化，一味将考评指标量化，有时又会陷入不利的境界。因此，考评机制要注重实际，坚持定量与定性相结合，做到有的放矢。

其次，明确员工在考评体系中的参与界限。具体是在制定考评制度过程中让全体员工充分了解和听取建议，在执行过程中需要全体员工的遵守以及民主监督，在考评过程中应让员工知道考核标准、考核内容、考核形式，让更多的员工对考评产生信任感，赢得对考评工作的理解和支持。考评后应将考评结果及时反馈给员工，让其认识工作上的优势和不足，明确努力方向，提高整体工作水平。

再次，明确考评机构的合理分工。专职考评机构只应负责考评的制定和执行及监督和评估。专职考评机构只有从中组织、协调，才可以确保合理调配各方资源，尽可能避免考评机制的混乱和矛盾。

最后，明确考评与激励之间的关系。科学的考评激励机制应是多元化的有机组合，而绝不仅限于物质鼓励。应善于运用现有资源，最大限度地增加员工的工作动力，调动工作积极性，开发动力的增长点。如完善精神奖励、福利以及培训、外出学习等各种鼓励措施。

（七）绩效评估的注意事项

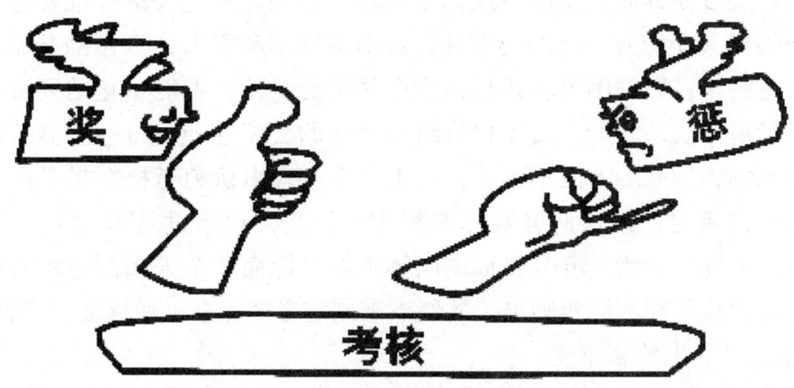

1. 注意评估方法的适用性

运用绩效评估不是赶时髦，而是要运用科学的方法来检查和评定企业员工对职位所规定职责的履行程度，以确定其工作成绩，从而促进企业的人力资源管理，提高企业竞争力。当前，一些企业在进行绩效评估时，盲目运用所谓新兴的绩效评估方法，结果导致评估失灵。平衡记分卡、360 度绩效考核等绩效评估方法固然有其先进性，但对于你的企业来说也许并不一定适用。如果一知半解、盲目引入，有时未获其利，可能反受其害。任何绩效评估方法都不是十全十美的。没有最好的绩效评价工具，只有最适合你企业的工具。简单实用或复杂科学，严厉或宽松，非正式的考核方式或系统性的考核方式，不同规模、不同文化、不同阶段的公司要选用不同的方式。因此，因地制宜，顺势而为，选择适合企业自己的绩效评估方法，方为明智之举。

2. 注意评估员工的表现力

员工在企业的表现力主要体现有三：一是工作业绩。这是最重要的，例如，销售人员业务成交次数及给公司带来的营业收入、作业人员的错误率等都应作为绩效评估的指标。在进行这类数字考核时，要注意理解这些数字所代表的真正意义，切不可迷信数字。例如，客服人员接听电话的次数，并不代表他的工作绩效，替顾客解决问题的比例及服务品质才是关键。二是员工在工作团队中的投入程度。可请员工为自己的工作团队打分，以了解团队中每名成员在扮演主管、部属、同事时是否尽到应尽的责任。三是员工对顾客的贡献程度。可请顾客评估员工的表现，即使没有代表公司对外接触的员工其实他们一样有顾客，如为公司的另一个部门服务，另一个部门的员工就是这些员工的顾客。

3. 注意评估标准的合理性

绩效评估标准是对员工绩效的数量和质量进行监测的准则。企业在进行绩效评估时，要充分考虑标准的合理性。这种合理性主要体现在五个方面：一是考核标准要全面。要保证重要的评价指标没有遗漏，企业制定的各种考核标准要相互补充，扬长避短，共同构成一个完整的考核体系。二是标准之间要协调。各种不同标准之间在相关质的规定性方面要衔接一致，不能相互冲突。三是关键标准要连贯。特别是关键绩效指标 KPI 应有一定的连贯性，否则不仅不利于考评工作的开展，而且可能导致员工对奋斗目标的困惑。四是标准应尽可能量化，不能量化的要细化。只有科学合理的量度方法，才能让员工相信绩效评估的公正性和可行性。倘若绩效量度的内容过于笼统，量度的方法不明确，员工完全有理由认为考核结果是由考核者主观臆断而做出的判定，无任何客观标准和实际意义，只不过是形式上“走过场”，从而产生不满和抵抗情绪。五是要根据团体工作目标而非个人来制定考核标准，同时针对不同层次员工和不同年龄员工的特点来制定考核标准，使标准具有针对性。

4. 注意提高员工的满意度

绩效评估是一把“双刃剑”，正确的绩效评估，能激发员工努力工作的积极性，可以激活整个组织；但如果做法不当，可能会产生负面结果。绩效评估要体现公正、合理、公开，才能起到激励作用。企业在进行绩效评估时应尽力使绩效评估制度完善，令员工尽量满意。但是，员工对绩效评估或奖罚仍有可能产生不满，当员工的不满得不到舒解，就有可能引致不理想的工作态度和行为。企业的管理者在绩效评估过程中应尽力地去了解、发现员工对评估的不满，进而寻找员工不满的原因，制定措施消除不满。因此，企业应设立正式的绩效考核怨诉程序，若员工对部门考评结果不满，可以上诉至企业的考评小组，为员工设置畅通的申诉渠道。这样不但使员工可以通过正式的途径表达不满，并知道能将自己的不满上达管理层；同时亦可使管理人员积极面对工作，不作回避，以积极的态度解决问题，从而使员工的不满逐渐降低，逐步培养起员工对企业的向心力，使员工的个人目标与企业的整体目标协调统一。同时企业应创造条件让员工有更出色的表现，把员工当作企业的合作者而不是打工者，把绩效评估同员工的职业生涯规划、企业的培训计划有机地结合起来，而不仅仅局限于员工的薪资、奖金、任免。

5. 注意评估过程的完整性

完整的绩效评估过程包括事前沟通，制定考核标准，实施考核，考核结果的分析、评定，反馈、控制等五个阶段。而我们的人力资源主管们通常忽视了最前面和最后面的两个重要过程。尽管人力资源部把绩效评估系统和政策设计得比较完美，但如果事前没有和部门主管进行有效沟通，得不到很好的理解和认同，结果肯定是白费劲。要知道绩效评估的主要执行人是各部门直接主管，而不是人力资源部。绩效评估的结果是必须让员工知道的，这就是绩效评估的反馈。如果企业做了绩效评估后，却不让员工知道评估的结果，而只作为内部资料，这种做法就发挥不了绩效评估的应有作用，从而使绩效评估工作前功尽弃。此外，绩效评估的效果能否充分发挥，也取决于相关的跟进措施。这主要体现在：平时的目标跟进和绩效辅导是否及时？评估后能否给予相应的奖惩或改进？能否不顾情面明确指出下属的不足？是否建立了员工投诉渠道？评估结果能否有效地运用到培训中去？如果这些措施不完备，绩效评估效果就无法保证。

【案例分析】

A企业是一个制药公司，销售业绩一直不好，为了提高销售量，销售人员的薪酬水平是公司里级别最高的。但是，销售人员的高工资并没有带来好的销售业绩，其他部门的员工意见很大。因此，公司决策层提出要对薪酬进行调整，使得薪酬更富有激励性。如果你是A公司的人力资源部经理，承担了进行薪酬体系调整的重任，那么，如何操作才能够使A公司达到薪酬调整的目标并走出困境？

【课后思考实践】

1. 绩效考核对企业、公司、团体的影响有哪些？请列举。
2. 如果灵活运用绩效考核激发员工？

四、薪酬管理

（一）薪酬管理的含义

薪酬管理是指为了实现组织的目标，激发员工的工作热情，通过对薪酬水平和结构进行管理，将员工的薪酬与组织目标有效结合起来的一系列管理活动。管理者要做好薪酬管理工作，就必须深入分析影响薪酬管理的各项因素，掌握薪酬管理的一般原理和技术方法，适时地、动态地对薪酬结构进行调整。

薪酬管理是人力资源管理的一个重要组成部分，它与企业其他部门的各种经营、管理活动密切配合，为组织愿景和目标的实现发挥了巨大的激励作用。薪酬管理在人力资源管理中的重要地位表现在以下几方面：

1. 薪酬管理与职位设计

二者的关系非常密切。管理者要根据职位设计和岗位分析的结果进行薪酬设计。职级设计得过窄或过宽必然导致薪酬等级的设计不合理。

2. 薪酬管理与员工招聘

企业的薪酬管理制度会传递企业的经济实力、业绩水平、价值导向等信息，可以为应聘者提供必要的信息支持。另外，合理的薪酬制度可以减轻员工招聘的工作量，如针对高级管理人员和技术人员的高薪酬可以迅速吸引大批合格的求职者，减少招聘宣传工作，从而降低招聘成本。

3. 薪酬管理与培训开发

薪酬具有激励的功能，合理的薪酬管理会营造一种积极向上的氛围，员工会主动要求参加培训，进行再学习，不断提高自身的技能和素质，从而增强整个组织的竞争力。

4. 薪酬管理与绩效管理

可变薪酬作为薪酬的重要组成部分，其确定的依据就是员工的绩效考核结果。合理的薪酬制度会与绩效管理形成相辅相成的协调关系，提升员工的工作热情，进而提高整个组织的工作绩效。

（二）薪酬管理的基本内容

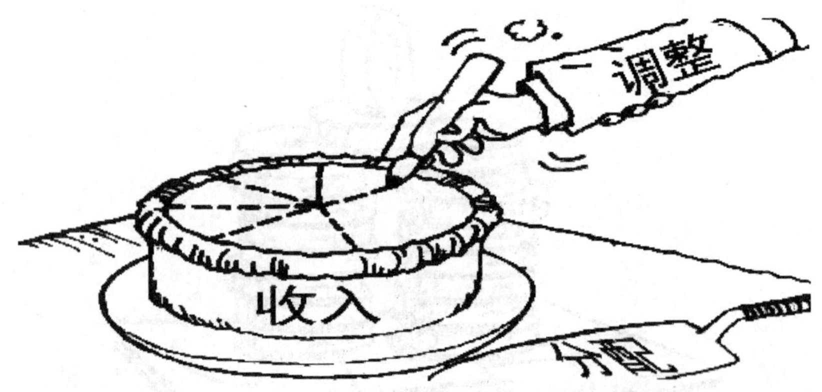

薪酬管理是否有效取决于管理者在管理过程中的一系列重要设计和选择，这些重要的设计和选择就构成了薪酬管理的整个过程。

薪酬管理的基本内容包括薪酬水平管理、薪酬结构管理、薪酬体系管理、薪酬关系管理、薪酬形式管理以及薪酬政策和薪酬制度管理。

1. 薪酬水平管理

薪酬水平是指企业各职位、各部门以及整个行业的平均薪酬水平，它决定着企业薪酬的外部竞争力。因此，企业薪酬水平的高低会对员工的吸引和保留产生很大的影响。

2. 薪酬结构管理

薪酬结构是指整体薪酬由哪些部分构成，各个构成部分又以什么样的比例结合在一起。比如，薪酬分为基本薪酬、可变薪酬和间接薪酬，它们各自又由不同的小模块构成。不同的企业，其基本薪酬和可变薪酬所占的比例不同，员工所感受到的激励性和风险性也不同。

3. 薪酬体系管理

薪酬体系的设计，即确定员工的基本薪酬以什么为基础。目前，国际通行的薪酬体系主要有：①职位（岗位）薪酬体系。这种薪酬体系以员工所从事工作的相对价值为基础来确定员工的基本薪酬水平。②技能（能力）薪酬体系。这种薪酬体系是以员工自身掌握的技能水平或具备的胜任能力为基础来确定员工的基本薪酬水平。

4. 薪酬关系管理

薪酬关系涉及企业的内部一致性问题。薪酬关系是指企业内部不同岗位或职位的薪酬水平所形成的相互比较关系，反映了企业对于职位重要性和职位价值的看法。在企业总体薪酬不变的情况下，员工很看重企业内部的薪酬关系，薪酬关系合理与否会影响员工的流动率和工作热情。

5. 薪酬形式管理

薪酬形式是指计量劳动和支付薪酬的方式。薪酬的不同组成部分有其特定的计量劳动和支付薪酬的方式。基本薪酬多以计时、计件方式来计量劳动，支付的金额相对固定；可变薪酬多以绩效来衡量员工的劳动，按照基本薪酬的一定比率支付；间接薪酬只与员工是否是本企业员工有关，通常不以货币形式支付。

6. 薪酬政策和薪酬制度管理

薪酬政策是企业管理者针对薪酬管理的目标，在实施薪酬管理的过程中对任务和手段的选择和组合，是企业针对员工薪酬所采取的方针政策。基于特定的企业战略目标和人力资源战略目标，企业需要适时地在方针政策方面进行选择和组合。薪酬制度是对既定薪酬政策加以具体化、操作化的规范性文件。

（三）薪酬管理的作用

薪酬管理在企业人力资源管理中的职能决定了它的重要作用。以下将从社会、企业、员工三个不同的角度来分析薪酬管理的作用。对社会而言，薪酬主要有以下作用：

1. 薪酬管理决定着人力资源的合理配置和使用

资源可以分为物质资源、财力资源和人力资源三大类。其中，具有能动作用的人力资源的配置和使用至关重要。如何使人力资源得到最充分的利用，发挥出它的最大效能，成为现代企业管理的一个核心问题。在市场经济条件下，薪酬作为实现人力资源合理配置的基本手段，在人力资源合理配置和使用中起着非常重要的作用。薪酬管理就是运用薪酬这一重要参数来制定各项政策，通过人力资源的流动和市场竞争，在供求平衡中形成一定的薪酬水平和薪酬级差，以此引导人力资源向合理的方向流动。这样，组织的人力资源在岗位调换的过程中不仅实现了薪酬最大化，还达到了人岗匹配的最佳状态，从而有利于组织目标的实现。

2. 薪酬管理直接关系到社会的稳定

薪酬是社会成员消费资料的主要来源。从经济学的角度来看，薪酬一旦支付就意味着劳动者退出生产领域，进入消费领域。具有消费性的薪酬，既要维持员工的日常生活，又要确保实现价值的再生产。薪酬制定得过低，无法维持劳动者的基本生活水平，会使其生活受到危害；薪酬制定得过高，就会增加成本，造成物价上涨，降低产品在国际市场上的竞争力；当薪酬的增长速度超过劳动生产率的增长速度时，还会产生严重的成本推动型通货膨胀，造成一时的虚假繁荣，引发“泡沫经济”，破坏经济结构；过高的薪酬标准还会导致劳动力需求紧缩，引起大面积失业，失业队伍的扩大会给社会造成不安。因此，合理进行薪酬管理，既可以保证劳动者实现价值再创造，又在一定程度上抑制了成本推动型通货膨胀的发生，从而能够促进社会和谐、持续地发展。

对企业而言，薪酬管理具有以下重要作用：

（1）创造企业价值。现代企业的竞争在很大程度上是高素质人力资源的竞争，企业的薪酬越具有吸引力，那么招募到的高素质人力资源的数量就会越多，质量就会越好，企业就会创造更大的价值。

（2）协调配置资源。企业的管理者可以利用薪酬杠杆调节员工与员工、员工与企业的关系，引导员工向着实现企业战略的方向努力，达到有效整合企业内部资源的目的。

（3）提高劳动效率。薪酬管理是一种很强的激励手段，薪酬中的可变部分与员工的绩效直接挂钩，有效的薪酬管理可以调动员工的积极性，提高员工的工作质量。

（4）控制经营成本。对企业而言，薪酬始终是一种经营成本，薪酬过高，会增加企业的成本，使企业产品丧失竞争力；薪酬过低，又会使企业在人力资源市场上失去竞争力，招募不到高素质人才。因此，企业在薪酬管理的过程中，要注意成本和收益的平衡，这样才能使企业稳定地发展下去。

（5）塑造企业文化。薪酬管理会对员工的工作行为、工作态度甚至价值观产生很强的导向作用。科学和富有激励性的薪酬管理能帮助企业塑造良好的企业文化氛围，或者对已经存在的好的企业文化起到正强化作用。随着人力资源管理的发展，近年来很多企业已经开始以薪酬制度的变革来带动企业的文化变革。

（6）推动企业变革。随着全球经济一体化进程的进一步加快，许多企业为了能更适应市场，更好地满足顾客的各种需求，都在重新设计战略、再造流程、重组结构、变革文化、建设团队。然而这一切的变化都离不开薪酬管理的推动，薪酬管理可以引导企业员工以最快的速度适应新的企业氛围和企业文化，接受新的企业价值观和行为，并且能激励员工达到新的绩效目标，最终有效推动企业的整体变革。

对员工而言，薪酬管理具有以下作用：

（1）经济保障作用。薪酬作为员工生活收入的主要来源，对员工的工作和生活具有维持和保障作用，这是其他任何收入都无法替代的。员工付出体力和脑力劳动后，必须得到足够的补偿，才可以实现连续的再生产。员工薪酬水平的高低会对其家庭的生活水平和生活方式产生直接的影响。

（2）内心激励作用。薪酬除了能满足员工的基本生活需求之外，也是成功、地位、自我价值实现的象征。不同的薪酬水平反映了员工的社会地位及工作能力，高薪酬会对员工产生较强的激励作用，使员工产生更大的满足感、荣誉感，从而激发员工的工作热情。

（四）薪酬制度基本类型

企业的薪酬制度大致可以分为基于员工的薪酬制度、基于工作的薪酬制度、基于绩效的薪酬制度和基于能力的薪酬制度四种类型。

1. 基于员工的薪酬制度

这种薪酬制度是以单个劳动者为单位，根据劳动者的潜在劳动或劳动者本身所具有的能力来决定每个劳动者的工资标准。基于员工的薪酬制度一般包括年功序列制、技术等级工资制等。

年功序列制是基于员工的薪酬制度的典型代表，它主张工龄越长，薪酬就越高。该模式的理论设计依据是：员工的工龄越长，熟练程度越高，对企业的贡献就越大。总体来讲，年功序列制的薪酬主要由工龄、学历等因素决定，薪酬与劳动的数量和质量是一种间接的关系。在年功序列制下，薪酬起点较低，等级之间的级差较大，薪酬机械地随工龄的增长而定期增加。

技术等级工资制属于能力工资的一种形式，是按照员工所达到的技能等级来确定工资等级，并按照确定的工资等级标准来支付薪酬的制度。员工获得薪酬或加薪的主要依据是与工作相关的技能，而不是其承担的具体工作或职位的价值。这种薪酬制度更适合技能等级比较容易界定的操作人员、技术人员等。

2. 基于工作的薪酬制度

这种薪酬制度根据工作岗位的相对价值和重要性来确定工资等级，薪酬主要由岗位责任、劳动强度、工作环境等因素决定。基于工作的薪酬制度主要有岗位薪酬制和职务薪酬制两种形式。

在岗位薪酬制下，管理者首先应对岗位本身的价值做出客观评价，然后根据岗位评估结果确定其薪酬等级。岗位对应的薪酬等级与担任岗位职责的员工无关，只与岗位本身有关，对岗不对人，其薪酬构成以岗位薪酬为主要组成部分。在实际操作中，岗位薪酬制度有多种形式，如岗位等级薪酬制、岗位薪点薪酬制、岗位效益薪酬制等。

职务薪酬制是按照员工所担任的职务来确定其薪酬水平的，不同职务有不同的薪酬标准，同一职务内又可划分为若干等级，对每个员工都在其特定职务范围内评定薪酬。这种薪酬制度适用于高级管理人员或专业技术人员。其不足之处在于员工只能在规定的职务范围内升职，一旦调离，就只能领取新的职务薪酬，与原有的薪酬水平和员工的资历无关。

3. 基于绩效的薪酬制度

这种制度主要以员工的绩效考核结果为依据来确定员工的薪酬，一般采用底薪加提成的方式，主要有计件工资制和佣金制等形式。绩效薪酬部分按照考核方法的不同，可以分为成就薪酬、个人激励薪酬、群体激励薪酬、公司激励薪酬、特色绩效薪酬等形式。

4. 基于能力的薪酬制度

在人力资源管理中，能力是一种胜任力和胜任素质，它指员工所具备的能够使自己达到某种特定绩效标准的能力或所表现出的有利于绩效提升的行为。基于能力的薪酬制度主要有技能薪酬制、职能薪酬制、能力资格制三种形式。

技能薪酬制就是按照员工所达到的技术能力来确定薪酬标准的制度，适用于技能等级比较容易界定的操作人员、技术人员等。职能薪酬制是根据员工履行职务能力的差别来确定薪酬标准的制度。能力资格制是以员工所拥有的技术资格、智力、资历等来确定薪酬标准的制度，适用于生产设备技术含量很高、对员工基本素质要求很高的高新技术产业。

（五）薪酬制度建设的基本原则及基本模式

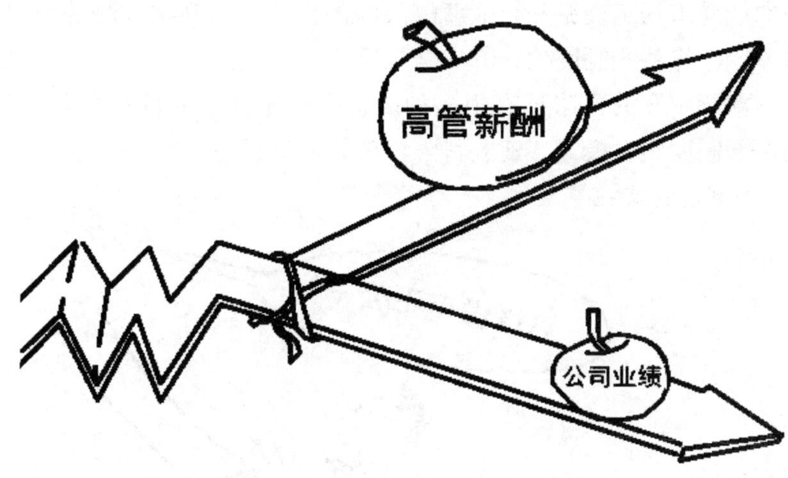

1. 薪酬制度建设的基本原则

企业的薪酬制度需要按照科学、合理的程序进行设计，合理的薪酬制度是薪酬公平的保证。企业的薪酬制度应该体现出与企业发展战略的高度一致性，最终促进企业战略目标的实现。

企业在进行薪酬制度建设时，所要遵循的基本原则与薪酬管理体系设计的基本原则大致相同，包括公平原则、竞争原则、激励原则、经济原则、多方参与原则以及战略支持原则。

此外，企业在进行薪酬设计时，还要注意以下几点：①薪酬制度要以明确一致的原则作为指导，要有助于实现组织战略目标。企业应建立统一的、可说明的薪酬制度规范。②薪酬制度的建立要遵循多方参与原则，充分体现民主性、参与性。③管理者要为员工创造机会均等、公平竞争的条件，增强员工的工作积极性。

2. 薪酬制度建设的基本模式

如何设计一套科学合理的薪酬制度？一套科学合理的薪酬制度有哪些基本模式？对此，不同的企业有不同的做法。企业可以根据自身的规模、财力、人力，选择适合自身的薪酬制度模式。以下简单介绍一些常用的薪酬制度建设模式。

基于支付依据的薪酬制度建设模式。该模式的基本程序如下：①通过岗位评价确定内部支付依据，通过薪酬调查确定外部支付依据；②确定薪酬等级以及相邻等级之间的级差；③将薪酬制度化；④实施与反馈。

基于企业战略的薪酬制度建设模式。该模式的基本程序如下：①充分了解企业的发展战略，并找出相关报酬因素；②通过岗位评价和薪酬调查来确定与组织战略相对应的支付依据；③确定薪酬等级以及相邻等级之间的级差；④将薪酬制度化；⑤实施与反馈。

基于市场的薪酬制度建设模式。该模式的基本程序如下：①通过岗位评估确定岗位价值顺序；②通过薪酬调查来确定市场工资率；③由①、②确定企业的收入政策曲线，该曲线受市场工资率和企业薪酬战略的影响；④确定薪酬等级以及相邻等级之间的级差；⑤将薪酬制度化；⑥实施与反馈。

企业建立薪酬制度的方法还有很多种，企业要充分了解自身的薪酬管理目标，选择适宜的薪酬制度建设模式，建立科学合理的薪酬制度。

（六）薪酬制度的实施及反馈

1. 薪酬制度的实施

薪酬制度在实施的过程中要保证公开、公正、公平，让员工充分感受到同工同酬，以提高员工满意度。要确保薪酬制度的公平性，需要注意以下两个方面：一是坚持多方参与原则，让员工参与薪酬制度的建立。这样在薪酬制度的实施阶段就会减少很多阻力。二是在支付薪酬时，企业应该向员工提供薪酬清单，让员工充分了解薪酬的构成，了解哪些行为是企业提倡的，哪些行为是要受到处罚的。这样做能促使员工将以后工作的重心向企业所期望的方向倾斜。

薪酬制度在正式实施前，一般都有一段试行期。采用试行的方式可以避免一定的风险，通过试行，人力资源部门既可以及时发现可能出现的错误，在全面实施之前进行修订和调整，也可以测试运行的成本。试行的时间要合理，时间过长会增加试行的成本，并推迟薪酬制度全面推行的时间；时间过短又达不到纠错的目的，还会增加制度正式实施的风险。

薪酬制度在全面实施的过程中要兼顾强制性与灵活性。所谓强制性是指薪酬制度已经确定，所有成员都必须统一遵守，未经允许，任何人不得擅自更改制度的内容和形式，企业要以多方的协调一致来保证企业整体战略目标的实现。所谓灵活性是指在薪酬制度实施的过程中，一旦企业的发展战略、内外部环境、竞争对手的威胁等发生变化，人力资源管理部门要尽快与有关部门进行商讨，根据实际情况对薪酬制度进行必要的调整。

薪酬制度的实施主要包括以下几个步骤：

（1）落实薪酬制度实施的组织和人员。企业在实施薪酬制度之前要挑选有关人员组成专门的实施团队，负责整个实施过程的推进和统筹，同时负责与高层管理者、人力资源部门、财务部门等相关部门进行沟通，及时反馈有关信息。

（2）提供资金保障。任何一个制度的推行，都需要有一定的物资和资金作为基础。在薪酬制度的实施过程中，薪酬项目专家组可以提前申请一部分必要的经费和补贴。

（3）做好宣传工作。在薪酬制度实施前和实施过程中，向员工宣传是一项必不可少的程序。通过宣传，人力资源管理者可让员工充分了解薪酬制度的合理性，以求得赞同和支持，减少实施过程中的摩擦和阻力。

（4）对实施过程进行监控。在薪酬制度的实施过程中，薪酬项目专家和薪酬制度的制定者要对薪酬制度的实施过程进行全程监控，以便及时纠正偏差和解决问题。

2. 薪酬制度的反馈

薪酬制度实施后，企业还要进行薪酬制度反馈信息的处理工作，主要是通过对反馈信息的整理和分析，充分了解薪酬制度的实施效果，及时发现一些疏漏和问题，并进行调整和修正。

一般而言，反馈信息主要分为外部反馈信息和内部反馈信息两种，外部反馈信息主要包括社会舆论反响、相关主管部门的反应等。外部反馈信息的收集和处理工作有两个重点：一是关注业内或竞争对手对新制度实行的看法；二是测试新制度是否违反国家的相关规定。内部反馈信息包括普通员工的反馈信息和高层管理人员的反馈信息。普通员工的反馈信息主要包括员工对新制度是否感到公平，员工的满意度是否有所提高等信息。企业应当建立畅通的信息反馈系统，全面听取员工的各种意见和建议，以达到完善薪酬制度的目的。高层管理人员的反馈信息主要集中在成本控制和是否提高了工作效率两个方面，如企业的薪酬水平是否兼具经济性和竞争性，员工的工作热情是否高涨，企业的生产效率是否得到提高以及对员工的激励措施是否有效等。

【案例】

某公司是中国目前最重要的特殊玻璃生产销售厂家之一。现有员工500余人，在全国有21个办事处。随着销售额的不断上升和人员规模的不断扩大，公司整体管理水平也需要提升。公司在人力资源管理方面起步较晚，原有基础比较薄弱，尚未形成科学的体系，尤其是薪酬福利方面的问题比较突出。公司成立初期人员较少，单凭领导一双眼、一支笔倒还可以分清楚给谁多少工资，但随着人员的激增，过去的老办法已然不灵，这样做带有很浓的个人色彩。

经调查，公司目前存在产品老化、工作流程过于繁杂、市场反应速度慢等不足之处。员工对目前公司的薪酬水平、员工之间的薪酬差距也不甚满意。由于其他人力资源管理职能不健全，所以目前公司薪酬分配的依据不足，难以反映员工之间真正的能力差别、岗位价值差别和贡献差别。

现在，该公司要重新设计工资方案，你认为怎样才能正确地确定员工薪酬并制定出一个合理的薪酬管理制度？如何衡量薪酬管理制度的合理性？

【课堂活动】

活动形式：让同学们以击鼓传花的形式分别讲出自己渴望的具体工作以及薪酬。

活动内容：请同学们谈谈企业激励有哪些方式，分别会对员工带来哪些影响以及薪酬管理的方式有哪些。

活动目的：让同学们对自己的职业生涯有一个良好的规划，以便更好适应社会。

【课后思考实践】

1. 谈谈员工激励有哪些方式并请列举几点。
2. 如何设计一套科学合理的薪酬制度？

第二节　企业风险管理概述

一、企业风险的概述

（一）风险的起源

“风险”一词的由来，最普遍的一种说法是，在远古时期，以打鱼捕捞为生的渔民们，每次出海前都要祈祷，祈求神灵保佑自己能够平安归来，其中主要的祈祷内容就是让神灵保佑自己在出海时能够风平浪静、满载而归；他们在长期的捕捞实践中，深深地体会到“风”给他们带来的无法预测、无法确定的危险，他们认识到，在出海捕捞打鱼的生活中，“风”即意味着“险”，因此有了“风险”一词的由来。

其基本核心含义是“未来结果的不确定性或损失”，也有人进一步定义为“个人和群体在未来遇到伤害的可能性以及对这种可能性的判断与认知”。如果采取适当的措施使破坏或损失的概率不会出现，或者说智慧地认知，理性地判断，继而采取及时而有效的防范措施，那么风险可能带来机会，由此进一步延伸的意义，不仅规避了风险，可能还会带来比例不等的收益，有时风险越大，回报越高、机会越大。

（二）风险的定义

风险是指在某一特定环境下，在某一特定时间段内，某种损失发生的可能性。

风险有两种定义：一种定义强调了风险表现为不确定性；而另一种定义则强调风险表现为损失的不确定性。若风险表现为不确定性，说明风险产生的结果可能带来损失、获利或是无损失也无获利，属于广义风险，金融风险便属于此类。而风险表现为损失的不确定性，说明风险只能表现出损失，没有从风险中获利的可能性，属于狭义风险。

二、企业风险构成因素

风险是由风险因素、风险事故和损失三者构成的统一体。三者的关系为：风险因素引起或增加风险事故；风险事故发生可能造成损失。

（一）风险因素

风险因素是指促使某一特定风险事故发生或增加其发生的可能性或扩大其损失程度的原因或条件。例如：对于建筑物而言，风险因素是指其所使用的建筑材料的质量、建筑结构的稳定性等；对于人而言，风险因素则是指健康状况和年龄等。

根据性质不同，风险因素可分为有形风险因素与无形风险因素两种。

1. 有形风险因素

有形风险因素也称实质风险因素，是指某一标的本身所具有的足以引起风险事故发生或增加损失机会或加重损失程度的因素。如一个人的身体状况，某一建筑物所处的地理位置、所用的建筑材料的性质、地壳的异常变化、恶劣的气候、疾病传染等都属于实质风险因素。人类对于这类风险因素，有些可以在一定程度上加以控制，有些在一定时期内还是无能为力。在保险实务中，由实质风险因素引起的损失风险，大都属于保险责任范围。

2. 无形风险因素

无形风险因素是与人的心理或行为有关的风险因素，通常包括道德风险因素和心理风险因素。其中，道德风险因素是指与人的品德修养有关的无形因素，即由于人们不诚实、不正直或有不轨企图，故意促使风险事故发生，以致引起财产损失和人身伤亡的因素。如投保人或被保险人的欺诈、纵火行为等都属于道德风险因素。在保险业务中，保险人对由投保人或被保险人的道德风险因素所引起的经济损失不承担赔偿或给付责任。心理风险因素是与人的心理状态有关的无形因素，即由于人们疏忽或过失以及主观上不注意、不关心、心存侥幸，以致增加风险事故发生的机会和加大损失的严重性的因素。例如，企业或个人投保财产保险后产生了放松对财务安全管理的思想，如产生物品乱堆放，吸烟后随意抛弃烟蒂等的心理或行为，都属于心理风险因素。由于道德风险因素与心理风险因素均与人密切相关，因此，这两类风险因素合并称为人为风险因素。

（二）风险事故

风险事故（也称风险事件）是指造成人身伤害或财产损失的偶发事件，是造成损失的直接的或外在的原因，是损失的媒介物，即风险只有通过风险事故的发生才能导致损失。

就某一事件来说，如果它是造成损失的直接原因，那么它就是风险事故；而在其他条件下，如果它是造成损失的间接原因，它便成为风险因素。例如：

（1）下冰雹路滑发生车祸，造成人员伤亡，这时冰雹是风险因素。

（2）冰雹直接击伤行人，它是风险事故。

（三）损失

在风险管理中，损失是指非故意的、非预期的、非计划的经济价值的减少。

通常我们将损失分为两种形态，即直接损失和间接损失。直接损失是指风险事故导致的财产本身损失和人身伤害，这类损失又称为实质损失；间接损失则是指由直接损失引起的其他损失，包括额外费用损失、收入损失和责任损失。在风险管理中，通常将损失分为四类：实质损失、额外费用损失、收入损失和责任损失。

【案例分析】

英国诺森罗克银行挤兑事件

2007年受美国次级债危机导致的全球信贷紧缩的影响，英国第五大抵押贷款机构——诺森罗克银行发生储户挤兑事件。9月14~18日的5天内，就有30多亿英镑从诺森罗克银行流出，占该行存款总量的12%左右，电话银行和网上银行也一度出现崩溃，股价下跌70%左右，创下7年新低，成为英国遭遇本次信贷危机以来最大的受害者。最后英国财政部、英格兰银行与金融管理局先后采取一系列措施，才让诺森罗克银行的局势得到控制。

分析：诺森罗克银行出现挤兑事件，除了因为美国次贷危机影响导致银行原有的融资渠道受阻（环境风险）以外，自身的风险识别能力也存在问题，其主要体现在以下几个方面：

（1）融资过于依靠批发市场，容易受到市场上资金供求的影响（市场风险）；

（2）资产负债的利率缺口过大（技术风险）；

（3）上半年以来经营收益下降；

（4）投资美国次级债带来损失。

【课堂活动】

题目："圆桌会议"。

形式：小组讨论。

内容：假如每个小组成员打算合伙成立一个公司，请针对自己的企业所处行业及企业自身情况分析可能存在的风险并运用相关方法对存在的风险进行识别。

【课后思考实践】

1. 请举例说明什么是有形风险因素和无形风险因素。
2. 不同行业的风险因素主要是什么？

三、企业风险管理

（一）风险管理概述

1. 风险管理的定义

风险管理是指风险管理单位通过风险识别、风险衡量、风险评估和风险决策等管理方式，对风险实施有效控制和妥善处理损失的过程。风险管理作为一门新兴学科，具有管理学的计划、组织、协调、指挥、控制等职能，同时又具有自身的独特功能。

2. 风险管理的目标

风险管理的目标由两个部分组成：损失发生前的风险管理目标和损失发生后的风险管理目标。前者的目标是避免或减少风险事故形成的机会，包括节约经营成本、减少忧虑心理；后者的目标是努力使损失的标的恢复到损失前的状态，包括维持企业的继续生存、生产服务的持续、稳定的收入、生产的持续增长、社会责任。二者有效结合，构成完整而系统的风险管理目标。

（二）风险管理的内容

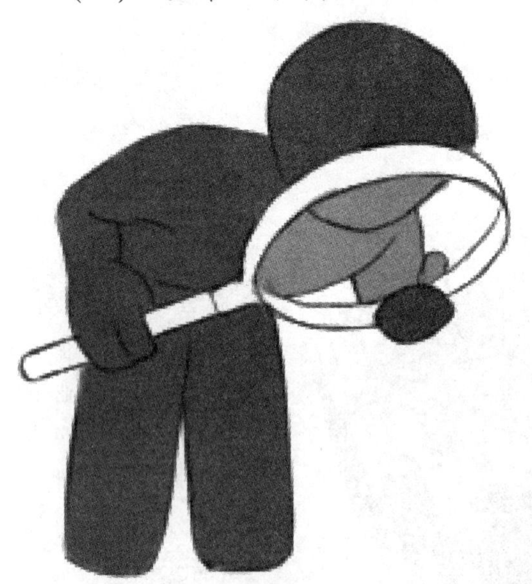

企业风险管理的内容包括企业风险识别、企业风险衡量和企业风险管理方法三个方面。企业风险识别上一节已经详细讲解，不再赘述。这里只对企业风险衡量和企业风险处理两个方面进行讲解。

1. 风险识别的含义

风险识别是指在风险事故发生之前，人们运用各种方法系统地、连续地认识所面临的各种风险以及分析风险事故发生的潜在原因。风险识别过程包含感知风险和分析风险两个环节。

感知风险，即了解客观存在的各种风险，是风险识别的基础，只有通过感知风险，才能进一步在此基础上进行分析，寻找导致风险事故发生的条件因素，为拟订风险处理方案、进行风险管理决策服务。

分析风险，即分析引起风险事故的各种因素，它是风险识别的关键。

2. 风险识别的内容

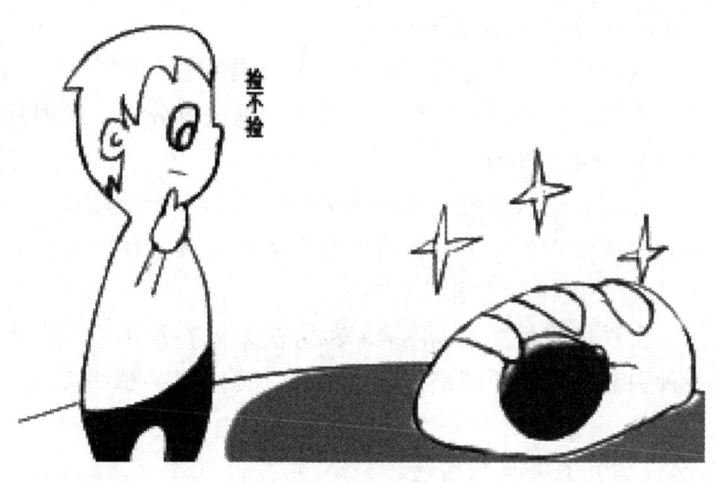

（1）环境风险。它指由于外部环境意外变化打乱了企业预定的生产经营计划而产生的经济风险。引起环境风险的因素有：国家宏观经济政策变化，使企业受到意外的风险损失；企业的生产经营活动与外部环境的要求相违背而受到的制裁风险；社会文化、道德风俗习惯的改变使企业的生产经营活动受阻而导致的企业经营困难。

（2）市场风险。它指市场结构发生意外变化，使企业无法按既定策略完成经营目标而带来的经济风险。引起市场风险的因素主要有：企业对市场需求预测失误，不能准确地把握消费者偏好的变化；竞争格局出现新的变化，如新竞争者进入所引发的企业风险；市场供求关系发生变化。

（3）技术风险。它指企业在技术创新的过程中遇到技术、商业或者市场等因素的意外变化而导致的创新失败风险。引起技术风险的主要因素有：技术工艺发生根本性的改进；出现了新的替代技术或产品；技术无法有效地商业化。

（4）生产风险。它指企业生产无法按预定成本完成生产计划而产生的风险。引起生产风险的主要因素有：生产过程发生意外中断；生产计划失误，造成生产过程紊乱。

（5）财务风险。它是企业收支状况发生意外变动给企业财务造成困难而引发的企业风险。

（6）人事风险。它是指涉及企业人事管理方面的风险。

（三）风险识别的方法

风险识别的主要方法有以下几种：

1. 生产流程分析法

生产流程分析法又称流程图法。生产流程又叫工艺流程或加工流程，是指在生产工艺中，从原料投入到成品产出，通过一定的设备按顺序连续地进行加工的过程。该种方法强调根据不同的流程，对每一阶段和环节，逐个进行调查分析，找出风险存在的原因。

2. 风险专家调查列举法

由风险管理人员将该企业、单位可能面临的风险逐一列出，并根据不同的标准进行分类。专家所涉及的面应尽可能广泛一些，有一定的代表性。一般的分类标准为：直接或间接，财务或非财务，政治性或经济性等。

3. 财务状况分析法

这是指按照企业的资产负债表及损益表、财产目录等财务资料，风险管理人员经过实际的调查研究，对企业财务状况进行分析，发现其潜在风险。

4. 分解分析法

分解分析法指将一复杂的事物分解为多个比较简单的事物，将大系统分解为具体的组成要素，从中分析可能存在的风险及潜在损失的威胁。

5. 失误树分析法

失误树分析法是以图表示的方法来调查损失发生前种种失误事件的情况，或对各种引起事故的原因进行分解分析，具体判断哪些失误最可能导致损失风险发生的方法。

（四）企业风险衡量

风险衡量也称风险估测，是在识别风险的基础上对风险进行定量分析和描述，即在对过去损失资料分析的基础上，运用概率和数理统计的方法对风险事故的发生概率和风险事故发生后可能造成的损失的严重程度进行定量的分析和预测。

风险衡量所要解决的两个问题是损失概率和损失严重程度，其最终目的是为风险决策提供信息。风险衡量所提供的主要信息有：

（1）每一风险所引起的致损事故发生的概率和损失分布。

（2）几种风险对同一单位所致损失的概率和损失分布。

（3）单一风险单位的损失幅度，并在此基础上进一步估测整个经济单位发生致损事故的概率和总损失分布以及某一时期内的总损失金额。

（4）所有风险单位损失的期望值和标准差。

（五）企业风险处理

企业风险处理是针对不同类型、不同规模、不同概率的企业内外部风险，采取相应的对策、措施或方法，使风险损失对企业生产经营活动的影响降到最小。

1. 避免

避免风险是指放弃某一计划或方案从而避免可能由此而来的损失后果。这是一种消极的处理技术。

采用避免风险技术通常在两种情况下进行：一是某特定风险所致损失频率和损失幅度相当高时，二是在处理风险时其成本大于其产生的效益时。

2. 自留

自留风险是指企业或单位自我承受风险损害后果的方法。它包括主动自留和被动自留。通常情况下，在风险所致损失频率和幅度低、损失短期内可预测以及最大损失对企业或单位不影响财务稳定时采用。

3. 预防

损失预防是指在风险损失发生前为了消除或减少可能引发损失的各种因素而采取的处理风险的具体措施，其目的在于通过消除或减少风险因素而达到降低损失发生频率的目的。通常在损失频率高而损失强度低时采用。常用的方法有：工程物理法和人类行为法。事故产生有两种可能性：一是物的不安全状态，二是人的不安全行为。“工程物理法”就是损失预防措施侧重于风险单位的物质因素的一种方法，如防火结构设计、防盗装置等；而“人类行为法”是指损失预防侧重于人们行为教育的一种方法，如职业安全教育、消防教育等。

4. 抑制

损失抑制是指在损失发生时或之后为了缩小损失幅度而采取的各项措施。它是处理风险的有效技术，例如，安装自动喷淋系统和火灾报警器等。损失抑制的一种特殊形态是割离，这是指将风险单位割离成许多独立的小单位而达到缩小损失幅度的一种方法。损失抑制法通常在损失幅度高且风险又无法避免和转嫁的情况下采用。

5. 转嫁

转嫁风险是指一些单位或个人为避免承担风险损失，有意识地将损失或与损失有关的财务后果转嫁给另一单位或个人承担的一种风险管理方式。常用方式有：保险转嫁和非保险转嫁。非保险转嫁包括出让转嫁和合同转嫁，前者主要用于投机风险中，如股票下跌时出让股票；后者主要是企业将具有风险的经营活动承包给对方，并在合同中明确规定由对方承担风险损失的赔偿责任，如建筑承保合同等。

（六）风险管理的方法

1. 头脑风暴法

头脑风暴法是指刺激并鼓励一群知识渊博、知悉风险情况的人员畅所欲言，开展集体讨论的方法。它适用于充分发挥专家意见，在风险识别阶段进行定性分析。

头脑风暴法的实施步骤为：①会前准备：参与人、主持人和课题任务落实要讨论识别的风险主题。②就风险主题展开探讨：由主持人公布会议主题并介绍与风险主题相关的情况；突破思维惯性，大胆进行联想；主持控制好时间，力争在有限的时间内获得尽可能多的创意性设想。③风险主题探讨意见分类与整理。

头脑风暴法的主要优点包括：①激发了想象力，有助于发现新的风险和全新的解决方案；②让主要的利益相关者参与其中，有助于进行全面沟通；③速度较快并易于开展。

头脑风暴法的局限在于：①参与者可能缺乏必要的技术及知识，无法提出有效的建议；②由于头脑风暴法相对松散，因此较难保证过程的全面性；③可能会出现特殊的小组状况，导致某些有重要观点的人保持沉默而其他人成为讨论的主角；④实施成本较高，要求参与者有较好的素质，这些因素是否满足会影响头脑风暴法实施的效果。

2. 德尔菲法

（1）德尔菲法的定义

德尔菲法又称专家规定程序调查法。该方法主要是由调查者拟定调查表，按照既定程序，以函件的方式分别向专家组成员进行征询；而专家组成员又以匿名的方式（函件）提交意见。经过几次反复征询和反馈，专家组成员的意见逐步趋于集中，最后获得具有很高准确率的集体判断结果。

德尔菲法适用于：缺乏足够的资料；作长远规划或大趋势预测；影响预测事件的因素太多；主观因素对预测事件的影响较大。

（2）德尔菲法的特点

德尔菲法是一种利用函件形式进行的集体匿名思想交流过程。它有三个明显区别于其他专家预测方法的特点，即匿名性、多次反馈、小组的统计回答。

第一，匿名性。因为采用这种方法时所有专家组成员不直接见面，只是通过函件交流，这样就可以消除权威的影响。这是该方法的主要特征。匿名是德尔菲法的极其重要的特点，从事预测的专家都不知道其他有哪些人参加预测，他们是在完全匿名的情况下交流思想的。后来改进的德尔菲法允许专家开会进行专题讨论。

第二，反馈性。该方法需要经过3~4轮的信息反馈，在每次反馈中使调查组和专家组都可以进行深入研究，使得最终结果基本能够反映专家的基本想法和对信息的认识，所以结果较为客观、可信。小组成员的交流是通过回答组织者的问题来实现的，一般要经过若干轮反馈才能完成预测。

第三，统计性。最典型的小组预测结果是反映多数人的观点，少数派的观点至多概括地提及一下，但是这并没有表示出小组的不同意见的状况。而统计回答却不是这样，它报告 1 个中位数和 2 个四分点，其中一半落在 2 个四分点之内，一半落在 2 个四分点之外。这样，每种观点都包括在这样的统计中，避免了专家会议法只反映多数人观点的缺点。

（3）德尔菲法的实施步骤

德尔菲法的实施步骤如下图：

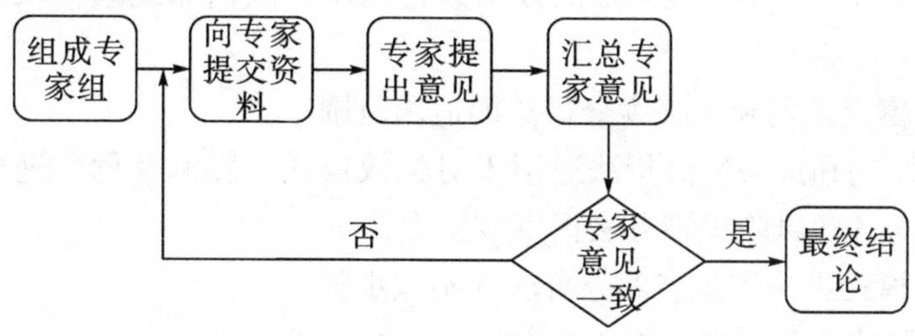

第一，组成专家小组。按照课题所需的知识范围确定专家。专家人数的多少，可根据预测课题的大小和涉及面的宽窄而定，一般不超过 20 人。

第二，向所有专家提出所要预测的问题及有关要求，并附上有关这个问题的所有背景材料，同时请专家提出还需要什么材料。然后，由专家做书面答复。

第三，各个专家根据他们所收到的材料，提出自己的预测意见，并说明自己是怎样利用这些材料并提出预测值的。

第四，将各位专家第一次判断意见汇总，列成图表，进行对比，再分发给各位专家，让专家比较自己同他人的不同意见，修改自己的意见和判断。也可以把各位专家的意见加以整理，或请身份更高的其他专家进行评论，然后把这些意见再分送各位专家，以便他们参考后修改自己的意见。

第五，将所有专家的修改意见收集起来汇总，再次分发给各位专家，以便做第二次修改。逐轮收集意见并为专家反馈信息是德尔菲法的主要环节。收集意见和信息反馈一般要经过三、四轮。在向专家进行反馈的时候，只给出各种意见，但并不说明发表各种意见的专家的具体姓名。这一过程重复进行，直到每一个专家不再改变自己的意见为止。

第六，对专家的意见进行综合处理。

（4）德尔菲法的优点

能充分发挥各位专家的作用，集思广益，准确性高；能把各位专家意见的分歧点表达出来，取各家之长，避各家之短。

（5）德尔菲法的局限性

权威人士的意见影响他人的意见；有些专家碍于情面，不愿意发表与其他人不同的意见；出于自尊心而不愿意修改自己原来不全面的意见。

3. 失效模式影响和危害度分析法

(1) 失效模式影响和危害度分析法的定义

失效模式影响和危害度分析法是用来分析、审查系统的潜在故障的模式。该方法按规定的规则记录系统中所有可能存在的影响因素，分析每种因素对系统的工作及状态的影响，将每种影响因素按其影响的严重度及发生概率排序，从而发现系统中潜在的薄弱环节，提出可能采取的预防改进措施，以消除或减少风险发生的可能性，保证系统的可靠性。

(2) 失效模式影响和危害度分析法的适用范围

失效模式影响和危害度分析法适用于对失效模式、影响及危害进行定性或定量分析，还可以对其他风险识别方法提供数据支持。

(3) 失效模式影响和危害度分析法的实施步骤

失效模式影响和危害度分析法的实施步骤如下图：

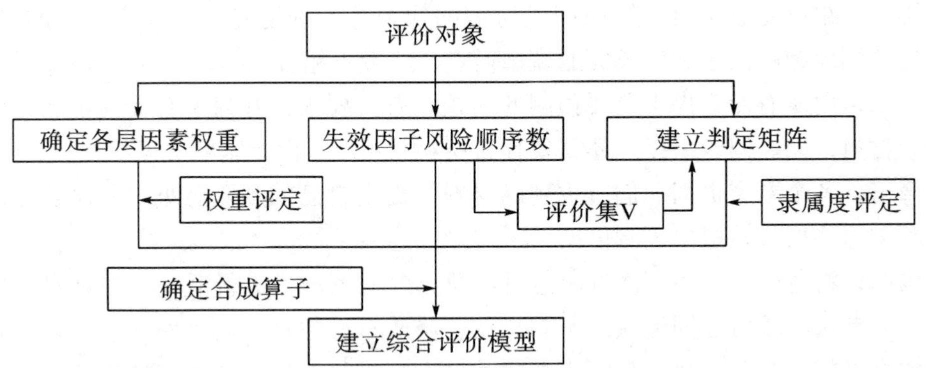

第一，将系统分成组件或步骤，并确认各部分出现明显故障的方式、造成这些失效模式的具体机制、故障可能产生的影响。

第二，根据故障结果的严重性，将每个识别出的失效模式进行分类并确定风险等级。

第三，识别风险优先级，这是一种半定量的危害度测量方法，其将故障后果、可能性和发现问题的能力进行等级赋值（通常为1~10）并相乘来获得危险度。

第四，失效模式影响和危害度分析法将获得一份故障模式、失效机制及其对各组件、系统或过程步骤影响的清单，该清单将包含系统失效的可能性、失效模式导致的风险程度等结果，如果使用合适的故障率资料和定量结果，失效模式影响和危害度分析法可以输出定量结果。

(4) 失效模式影响和危害度分析法的主要优点

广泛适用于人力、设备和系统失效模式，以及硬件、软件和程序；识别组件失效模式及其原因和对系统的影响，同时用可读性较强的形式表现出来；通过在设计初期发现问题，避免了开支较大的设备改造；识别单点失效模式以及对冗余或安全系统的需要。

（5）失效模式影响和危害度分析法的局限性

只能识别单个失效模式，无法同时识别多个失效模式；除非得到充分控制并集中充分精力，否则研究工作不仅耗时而且开支较大。

4. 流程图分析法

（1）流程图分析法的定义

流程图分析法是对流程的每一阶段、每一环节逐一进行调查分析，从中发现潜在风险，找出导致风险发生的因素，分析风险产生后可能造成的损失以及对整个组织可能造成的不利影响。

（2）流程图分析法的适用范围

通过业务流程图方法，对企业生产或经营中的风险及其成因进行定性分析。

（3）实施步骤

根据企业实际绘制业务流程图；识别流程图上各业务节点的风险因素，并予以重点关注；针对风险及产生原因，提出监控和预防的方法。

（4）流程图分析法的主要优点

清晰明了，易于操作，且组织规模越大，流程越复杂，流程图分析法就越能体现出优越性；通过业务流程分析，可以更好地发现风险点，从而为防范风险提供支持。

（5）流程图分析法的局限性

该方法的局限主要表现为使用效果依赖于专业人员的水平。

5. 风险评估系图法

（1）风险评估系图法的定义

风险评估系图法是用以评估风险影响的常见的定性方法。风险评估系图识别某一风险是否会对企业产生重大影响，并将此结论与风险发生的可能性联系起来，为确定企业风险的优先次序提供框架。

（2）风险评估系图法的适用范围

风险评估系图法适用于对风险初步的定性分析。

（3）风险评估系图法的实施步骤

风险评估系图法的实施步骤为：第一，根据企业实际绘制风险评估系图；第二，与影响较小且发生的可能性较低的风险相比，具有重大影响且发生的可能性较大的风险尤其需要关注；第三，分析每种风险的重大程度及影响。

(4) 风险评估系图法的主要优点和局限性

风险评估系图法的主要优点在于：风险评估系图法作为一种简单的定性方法，直观明了。

风险评估系图法的局限性在于：如需要进一步探求风险原因，则显得过于简单，缺乏有效的经验证明和数据支持。

6. 情景分析法

(1) 情景分析法的定义

情景分析法又称前景描述法，是假定某种现象或某种趋势将持续到未来的前提下，对预测对象可能出现的情况或引起的后果做出预测的方法。

(2) 情景分析法的适用范围

情景分析法适用于通过模拟不确定性情景，对企业面临的风险进行定性和定量分析。

(3) 情景分析法的实施步骤

首先，在建立了团队和相关沟通渠道，同时确定了需要处理的问题和事件的背景之后，确定可能出现变化的性质；其次，对主要趋势、趋势变化的可能时机以及对未来的预见进行研究。

(4) 情景分析法的优点

情景分析法的主要优点表现为：对于未来变化不大的情况能够给出比较精确的模拟结果。

(5) 情景分析法的局限性

情景分析法的局限性表现为：在存在较大不确定性的情况下，有些情景可能不够现实；在运用情景分析时，主要的难点涉及数据的有效性以及分析师和决策者开发现实情境的能力，这些难点对结果的分析具有修正作用；如果将情景分析作为一种决策工具，其危险在于所用情景可能缺乏充分的基础，数据可能具有随机性，同时可能无法发现那些不切实际的结果。

(七) 风险管理的意义

1. 有利于企业在面对风险时做出正确的决策，提高企业应对能力

在经济日益全球化的今天，企业所面临的环境越来越复杂，不确定因素越来越多，科学决策的难度大大增加，企业只有建立起有效的风险管理机制，实施有效的风险管理，才能在变幻莫测的市场环境中做出正确的决策。

2. 有利于企业经营目标的实现，增强企业经济效益

企业经营活动的目标是追求股东价值最大化、利润最大化，但在实现这一目标的过程中，难免会遇到各种各样的不确定性因素，从而影响到企业经营活动目标的实现。因此，企业有必要进行风险管理，化解各种不利因素的影响，以保证企业经营目标的实现。

3. 有利于促进整个国民经济的健康发展

企业是国民经济的基础，企业的兴衰与国民经济的发展息息相关。因此应通过实施有效的风险管理，降低企业的各种风险，提高企业应对风险的能力和市场竞争能力，以企业的健康发展促进整个国民经济的良性发展。

【案例分析】

三鹿集团败于风险管理失控

2008 年 6 月 28 日，兰州市解放军第一医院收治了首例患“肾结石”病的婴幼儿。据家长反映，这些孩子从出生就一直食用河北石家庄三鹿集团所生产的三鹿婴幼儿奶粉，7 月中旬，甘肃省卫生厅报告卫生部，随后两个月，该医院收治的患婴人数达到 14 名。

2008 年 9 月 11 日晚，石家庄三鹿集团股份有限公司发布产品召回声明，称经公司自检发现 2008 年 8 月 6 日前出厂的部分批次三鹿牌婴幼儿奶粉受到三聚氰胺的污染，市场上大约有 700 吨。为对消费者负责，该公司决定立即对该批次奶粉全部召回。

2008 年 9 月 12 日，三鹿集团全面停产，2009 年 2 月 12 日，法院宣布三鹿集团破产。

分析：

（1）只看重规模扩张，管理层人员风险意识淡薄，缺乏风险识别的能力；

（2）企业快速成长，管理存在巨大风险；

（3）企业危机处理不当，导致风险失控，风险管理方法运用不当。

【课堂活动】

形式：小组讨论。

内容：每组学生自行选择一家知名企业，运用相关的风险管理方法分析该企业存在的风险，并提出合理的风险管理建议。

目的：巩固本节所讲知识点，加深学生对本节知识点的理解和运用。

【课后思考实践】

1. 不同企业风险管理方法的特点以及适用范围是什么？

2. 结合自己将要创办的企业，选取两种以上的风险管理办法进行风险控制管理分析。

第八章　创新创业政策

近年来，为鼓励高校毕业生自主创业，以创业带动就业，国家出台了一系列优惠政策鼓励高校毕业生自主创业。在新常态下，熟悉并掌握相关的创新创业政策法规，对在校大学生尤为重要。

通过本章学习，你将能够：

1. 了解国家层面颁布的创新创业相关政策；
2. 掌握申请创业补贴的流程和注意事项；
3. 预测申请小额贷款过程中可能存在的风险。

第一节　创新创业相关政策

一、国家的相关政策

2014 年，国务院办公厅发布《关于做好 2014 年全国普通高等学校毕业生就业创业工作的通知》（以下简称《通知》），出台多项优惠政策大力促进高校毕业生引领计划。《通知》规定，2014—2017 年，在全国范围内实施大学生创业引领计划，通过提供创业服务，落实创业扶持政策，提升创业能力，帮助和扶持更多高校毕业生自主创业。各地公共就业人才服务机构要为自主创业的高校毕业生做好人事代理、档案保管、社会保险办理和接续、职称评定、权益保障等服务。各地区、各有关部门要进一步落实和完善工商登记、场地支持、税费减免等各项创业扶持政策。

（一）注册资本登记制度改革

2014 年 2 月 7 日，国务院印发《注册资本登记制度改革方案》，决定从 2014 年 3 月 1 日起在全国推行注册资本登记制度改革，实行注册资本认缴等级制。国家工商总局为配套改革实施决定同步启用新版营业执照。

新制度一方面实现了简政，放宽了注册资本登记条件，简化了登记材料，工商部门只登记工商认缴的注册资本总额，无须登记实收资本，不再收取验资证明文件。另一方面做到了放权，公司股东（发起人）获得四项权利：一是取消有限责任公司最低注册资本 3 万元、一人有限责任公司最低注册资本 10 万元、股份有限公司最低注册资本 500 万元的限制，也就是说理论上可以“一元钱办公司”；二是自主约定公司设立时全体股东（发起人）的首次出资比例，为因资金受限的特困人员、大学毕业生等弱势群体提供“零门槛”“零首付”创业条件；三是自主约定出资方式和货币出资比例，对于高科技、文化创意、现代服务业等创新型企业可以灵活出资，提高知识产权、实物、土地使用权等财产形式的出资比例；四是自主约定公司股东（发起人）缴足出资的出资期限，最大限度地提高公司股东（发起人）资金使用效率。

新制度简化了住所（经营场所）登记手续。申请人提交场所合法使用证明即可予以登记。鼓励各地充分利用现有资源建设大学生创业园、创业孵化基地和小企业创业基地，为高校毕业生提供创业经营场所支持。高校毕业生创业无法提交住所（经营场所）产权证明的，可以提交市场开办者、各类园区管理委员会、村（居）委会出具的同意在该场所从事经营活动的相关证明，办理工商注册登记。

新制度还要求推行电子营业执照和全程电子化登记管理，实行全国统一标准规范的电子营业执照，为电子政务和电子商务提供身份认证和电子签名服务保障。电子营业执照载有工商登记信息，与纸质营业执照具有同等的法律效力。

（二）税收优惠

财政部、国家税务总局和人力资源社会保障部联合印发的《关于继续实施支持和促进重点群体创业就业有关税收政策的通知》规定，自 2014 年 1 月 1 日至 2016 年 12 月 31 日，继续实施《财政部 国家税务总局关于支持和促进就业有关税收政策的通知》所规定的税收优惠政策，同时完善了相关政策，进一步加大支持力度：持《就业失业登记证》（注明“自主创业税收政策”或附《高校毕业生自主创业证》）的高校毕业生在毕业所在自然年度（即 1 月 1 日至 12 月 31 日）从事个体经营的，3 年内按每户每年 8 000 元为限额依次扣减其当年实际应缴纳的城市维护建设税、教育税附加、地方教育附加和个人所得税。

（1）高校毕业生创办的小型微型企业，按规定落实好减半征收企业所得税，月销售额不超过 2 万元的暂免征收增值税和营业税等税收优惠政策。

（2）留学回国的高校毕业生自主创业，符合条件的，可享受现行高校毕业生创业扶持政策。

（三）小额担保贷款和贴息支持

根据《关于做好2014年全国普通高等学校毕业生就业创业工作的通知》和由中国人民银行、财政部、人力资源和社会保障部2008年联合发布的《关于进一步改进小额担保贷款积极推动创业促就业的通知》规定：

（1）对符合条件的高校毕业生自主创业的，可在创业地按规定申请小额担保贷款。

（2）从事微利项目的，可享受不超过10万元贷款额度的财政贴息扶持，对合伙经营和组织起来就业的，可根据实际需要适当提高贷款额度。

（3）在电子商务网络平台开办“网店”的高校毕业生，可享受小额担保贷款和贴息政策。

（四）免收有关行业行政事业性收费

为贯彻落实党的十七大提出的“实施扩大就业的发展战略，促进以创业带动就业”的总体部署，全面实施《中华人民共和国就业促进法》的有关规定，国务院办公厅于2008年批转了人力资源和社会保障部等11个部门联合发出的《关于促进创业带动就业工作的指导意见》，明确提出：毕业2年以内普通高校毕业生从事个体经营（除国家限制的行业外）的，自其在工商部门首次注册登记之日起3年内，免收管理类、登记类和证照类等有关行政事业性收费。

（五）享受培训补贴

为充分发挥就业专项资金的作用，提高资金使用的安全性、规范性和有效性，财政部、人力资源和社会保障部发布了《关于进一步加强就业专项资金管理有关问题的通知》，明确提出：对高校毕业生在毕业学年（即从毕业前一年7月1日起的12个月）内参加创业培训的，根据其获得创业培训合格证书或就业、创业情况，按规定给予培训补贴；进入“高校学生科技创业实训基地”创办企业，可享受减免12个月的房租、专业技术服务与咨询、相应的公共设施以及公共服务平台等优惠。

（六）落户优惠政策

国务院《关于做好2014年全国普通高等学校毕业生就业创业工作的通知》要求取消高校毕业生落户限制（直辖市按有关规定执行）。省会及以下城市，应届毕业生凭《普通高等学校毕业证书》、《全国普通高等学校毕业生就业报到证》、与用人单位签订的《就业协议书》或劳动（聘用）合同办理落户手续；非应届毕业生凭与用人单位签订的劳动（聘用）合同和《普通高等学校毕业证书》办理落户手续。高校毕业生到小型微型企业就业，自主创业的，其档案可由当地市、县一级的公共就业人才服务机构免费保管。

国务院总理李克强在政府工作报告中提到：“坚持实施就业优先战略和更加积极的就业政策，优化就业创业环境，以创新引进创业，以创业带动就业。”通过“创业带动就业”尤其是鼓励大学生创新创业，不仅是增加就业的一项手段，也是就业工作的一大亮点。对此，国家已在陆续推出相关的政策措施。如十八届三中全会就对就业创业工作做出明确部署，提出“完善城乡均等的公共就业创业服务体系”“构建劳动者终身培训体系”等多项具体措施。这些具体措施将有助于推动“以创业带动就业”要求的快速落地。

二、四川省相关政策

（一）关于创业补贴

1. 补贴对象

（1）四川省内普通高等学校全日制在校大学生（以下简称在校大学生）或毕业5年内、处于失业状态的普通高等学校全日制毕业生（含国家承认学历的留学回国人员，以下简称高校毕业生），在四川省高校各类创新创业平台或地方建立的大学生创新创业孵化基地内领办且正在孵化的创业项目。

（2）2014年1月1日后，在校大学生或高校毕业生在四川省通过工商注册、民政登记以及其他依法设立、免于注册或登记等方式创办的实体。农业职业经理人，应经县级及以上人民政府指定部门认定并正常持续经营。开办“网店”的应符合以下条件：

①所开“网店”应依托国家商务部和四川省商务厅公布的电子商务示范企业设立的电子商务平台。

②所开“网店”应进行商品实物交易或开展文化创意、咨询设计等服务，正常持续经营半年以上（在校大学生应持续经营至毕业年度）。申请补贴前半年内商品实物成功交易在1 000笔以上，开展文化创意、咨询设计等服务的，销售额度在2万元以上，无违法违规交易行为。

2. 申报程序

（1）申请

①申请人

在校大学生或高校毕业生个人领办且正在孵化的创业项目，由本人提出申请；创业团队领办且正在孵化的创业项目，由团队负责人以团队名义提出申请。创业实体由领办人提出申请。开办“网店”的在校大学生，应在毕业年度3月31日前申请。

②受理机构

在高校创新创业平台内的创业项目和创业实体，由平台所属高校受理；在高校创新创业平台外的创业项目和创业实体，由创业所在县（市、区）公共就业服务管理机构受理。

③申请材料

由个人领办的创业项目应提供以下材料：本人学生证（毕业生提供毕业证和就业失业登记证）、身份证复印件、创业项目计划书、创业补贴申报表。

由创业团队领办的创业项目应提供以下材料：团队负责人学生证（毕业生提供毕业证和就业失业登记证）、身份证复印件、创业项目计划书、创业补贴申报表。

创业实体应提供以下材料：领办人学生证（毕业生提供毕业证和就业失业登记证）、身份证复印件、创业实体概述、创业补贴申报表、工商注册或民政登记证书复印件（开办“网店”的，应提供“网店”网址和登记注册网页截图、支付平台收支明细、销售产品列表及单价等证明材料；农业职业经理人应提供县级及以上人民政府指定部门的资格认定和正常持续经营的相关材料；其他免于注册或登记的创业实体所需认定材料，由所在市、州人力资源和社会保障部门会同财政等相关部门确定）。

（2）审查

①在高校创新创业平台内的创业项目和创业实体，由平台所属高校牵头、所在市（州）人力资源和社会保障部门参与初审，对创业项目应组织专家评估。初审完成后，在平台所属高校内公示7天。公示无异议的，由高校将申请材料、公示情况和初审意见等材料报教育厅。经教育厅汇总审核并送人力资源和社会保障厅和财政厅复核，由人力资源和社会保障厅会同教育厅、财政厅向高校出具审核意见。教育厅、人力资源和社会保障厅和财政厅分别于每年5月和10月对申请材料进行集中审核、复核。

②在高校创新创业平台外的创业项目和创业实体，由所在县（市、区）公共就业服务管理机构初审。初审完成后，在创业所在地公示7天。公示无异议的，由公共就业服务管理机构将申请材料、公示情况和初审意见等材料报同级人力资源和社会保障部门审核、财政部门复核。经人力资源和社会保障部门、财政部门审核后，向公共就业服务管理机构出具审核意见。

（3）资金拨付

①对高校创新创业平台内的创业项目和创业实体，由人力资源和社会保障厅根据审核意见，向高校拨付资金，由高校组织发放。

②对高校创新创业平台外的创业项目和创业实体，由所在县（市、区）公共就业服务管理机构根据审核意见组织发放。

在校大学生和高校毕业生只能享受一次创业补贴。

（二）关于小额担保贷款

1. 在校大学生的申报材料及办理程序

领办创业实体（不含“网店”和农业职业经理人）的在校大学生，可向其就读高校提出额度不超过10万元、期限不超过2年的小额担保贷款申请。申报材料应附：领办人学生证和身份证复印件、小额担保贷款申报表、创业实体注册或登记证书复印件等。经高校集中审查并现场确认，由高校交所在县（市、区）公共就业服务管理机构按现行规定办理，由地方政府设立的担保基金提供担保。高校应为申请贷款的在校大学生提供反担保。经办银行应将在校大学生小额担保贷款单独统计，财政部门单独办理贴息资金清算。

2. 开办“网店”的高校毕业生的申报材料及办理程序

开办“网店”的高校毕业生，可向创业所在县（市、区）公共就业服务管理机构申请小额担保贷款。进行工商注册的，按现行规定办理。未进行工商注册的，应提供“网店”网址和登记注册网页截图、支付平台收支明细、销售产品列表及单价等证明材料以及按规定应提供的其他申报材料，并按现行程序办理。

（三）关于求职补贴

普通高等学校全日制毕业年级的残疾学生，申请求职补贴需提交本人身份证和残疾人证复印件、个人银行账号等材料。补贴标准、办理程序和经费渠道与城乡低保家庭毕业生求职补贴一致。低保家庭的残疾学生，不重复享受。

（四）关于创业培训补贴

高校对自主创业愿望强、有一定创业潜力和培训需求的在校大学生进行统计，并向所在市（州）人力资源和社会保障部门提出培训需求。人力资源和社会保障部门根据需求情况，制定年度在校大学生培训计划，并组织有资质的培训机构开展培训。大学生在校期间可享受一次创业培训补贴，补贴标准及办理程序按现行规定执行。

（五）关于社会保险补贴

对办理了失业登记的离校未就业高校毕业生，实现灵活就业并按规定缴纳社会保险费的，可向失业登记的公共就业服务管理机构申请社会保险补贴。申请时应提供以下材料：本人身份证、毕业证和就业失业登记证复印件、街道（乡镇）公共就业服务平台出具的灵活就业证明、社会保险缴费凭证等。申领程序、补贴标准、资金渠道比照就业困难人员灵活就业相关规定执行，补贴期限最长不超过 2 年。

【课堂活动】

目的：测试学生对大学生创新创业相关优惠政策的把握程度。

内容：A 同学大学期间经营一家淘宝网店卖衣服，听说大学生开网店可以申请创业补贴，所以前往学校就业指导中心向老师 B 咨询相关的申报条件和注意事项。

形式：具体的场景信息自行设计，请有意向、感兴趣的同学上台扮演同学 A 和教师 B。角色扮演结束之后两位同学就角色扮演中创新创业政策的把握度互相点评，老师做最后的总结。

【课后思考实践】

1. 国家层面针对大学生创业颁布了哪些具体的优惠政策？

2. 四川省在校大学生申请小额担保贷款的申报材料包括哪些？办理程序是什么？

第二节 创新创业相关法

一、创新创业的主要法律

法律面前，人人平等。对大学生创业者而言，从企业设立、财务税收到人事管理甚至破产倒闭，都需要严格遵守法律规定。大学生创业涉及的主要法律有以下几个方面：

（一）企业设立方面的主要法律

设立企业从事经营活动，必须到工商行政管理部门办理登记手续，领取营业执照；如果从事特定行业的经营活动，还须事先取得相关主管部门的批准文件。我国企业立法已经不再延续按企业所有制立法的旧模式，而是按企业组织形式分别立法。根据《中华人民共和国民法通则》《中华人民共和国公司法》《中华人民共和国合伙企业法》《中华人民共和国个人独资企业法》《中华人民共和国中外合资经营企业法》《中华人民共和国中小企业促进法》等法律规定，企业的组织形式可以是股份制有限公司、有限责任公司、合伙企业、个人独资企业，其中以有限责任公司最常见。企业成立时应该依据《中华人民共和国公司登记管理条例》等法规规范办理登记手续。

（二）企业发展方面的主要法律

企业设立后，与政府部门打交道最多的，应该是税务登记和财务方面的工作。这其中涉及税法和财务制度，因此，创业需要了解企业要缴纳哪些税。不仅需要了解增值税、所得税的规定等，还需要了解哪些支出可以列为成本、开办费，固定资产怎么摊销等。聘用员工就涉及劳动法和社会保险的问题，需要了解劳动合同、试用期、服务期、商业秘密、竞业禁止、工伤、养老金、住房公积金、医疗保险、失业保险等诸多规定。企业发展过程中，还需要处理知识产权问题，既不能侵犯别人的知识产权，又要建立自己的知识产权保护体系，了解《中华人民共和国著作权》《中华人民共和国商标法》《中华人民共和国专利法》对大学生了解著作权、商标、域名、商号、专利、技术秘密等各自的保护方法具有重要意义。

（三）其他常用的主要法律

与企业经营活动相关的法律很多，在创业初期，我们应当了解相关的法律，以确保合法经营，避免违法，保障自己应有的合法权益。以下是大学生在创业初期应当了解和关注的主要法律及其规范宗旨：

《中华人民共和国合同法》：规范合同关系，约束合同双方，保证合同的遵守，维护双方利益，保障合同关系的稳定。

《中华人民共和国劳动法》：规范企业的劳动制度，保障企业员工的权益，保证劳资关系的和谐。

《中华人民共和国反不正当竞争法》：规范企业之间的市场竞争，保护企业的合法权益，惩治竞争中的不正当行为。

《中华人民共和国消费者权益保护法》：保护消费者的合法权益，规范企业的经营生产，保证企业的产品质量。

另外，《中华人民共和国担保法》《中华人民共和国票据法》《中华人民共和国会计法》《中华人民共和国物权法》等基本民商法律也是大学生创新创业必须了解的。还有一些法律是作为公民就需要了解的，而作为企业经营者则更应该了解，如《中华人民共和国民法通则》《中华人民共和国刑法》《中华人民共和国民事诉讼法》。

二、创新创业的主要法规

法规指国家机关制定的规范性文件，一般用“条例”“规定”“规则”“办法”称谓。

如我国国务院制定和颁布的行政法规，省、自治区、直辖市人大及常委会制定和公布的地方性法规。省、自治区人民政府所在市，经过国务院批准的较大的市的人大及其常委会，也可以制定地方性法规，报省、自治区的人大及其常委会批准后施行。法规也具有法律效力。

对大学生而言，在开始创业前除了要了解创新创业的相关法律条文，还需要熟知国家以及各级政府部门针对创新创业所设立的相关法规、规章。

设立企业时，需要了解《中华人民共和国企业登记管理条例》《中华人民共和国公司登记管理条例》等工商管理法规、规章，以及有关开发区、高科技园区、软件园区（基地）等方面的法规、规章、有关地方规定，这样有助于选择创业地点，以享受税收等优惠政策。我国实行法定注册资本制，如果不是以货币资金出资，而是以实物、知识产权等无形资产或股权、债权等出资，还需要了解有关出资、资产评估等法规的规定。

《中华人民共和国企业所得税法》《中华人民共和国增值税暂行条例》《中华人民共和国税收征收管理法》等法规及税法和财务制度，创业者应该了解。聘用员工时涉及社会保险问题，需要了解《中华人民共和国社会保险法》《中华人民共和国工伤保险条例》《中华人民共和国最低工资规定》等诸多法规。

【课堂活动】

题目：“最强大脑”。

目的：考查学生对创新创业相关法律的记忆量。

内容：说出你知道的创新创业相关的法律名称。

形式：邀请3位学生到台前，不能借助书本和电子设备，轮流说出一个跟创新创业相关的法律，说错或者不知道的学生淘汰，坚持到最后的学生获胜。

【课后思考实践】

1. 我们可以通过哪些途径去了解和收集国家最新的创新创业相关法律法规？
2. 如果你在创业过程中遇到资金问题，可以向哪些部门寻求帮助？

参考文献

[1] 蓝红星. 创新能力开发与训练 [M]. 成都：西南财经大学出版社，2014.

[2] 王欣. 创新职能与维持职能的关系及其作用 [EB/OL]. (2012-09-17). http://www.ipuen.com/news/G000080.htm.

[3] 孙敬全，孙柳燕. 创新意识 [M]. 上海：上海科学技术出版社，2010.

[4] 牟顺海. 大学生创新创业指导 [M]. 北京：现代教育出版社，2014.

[5] 三亿文库. http://3y.uu456.com/bp-83d010f4c8d376eeaeaa31ea-1.html.

[6] 王雁. 普通心理学 [M]. 北京：人民教育出版社，2003.

[7] 瞧这网. http://www. 795.com.cn/wz/89021.html.

[8] http://www.phsky.net/item-detail.aspx? newsid=16157.

[9] http://www.zybang.com/question/bf4bb05bf7115fd415f3880aae2acac3.html.

[10] 吴怀宇，等. 高校学生创新能力培养途径探索 [J]. 武汉科技大学学报（社会科学版），2012 (3).

[11] 熊萍. 职业生涯规划 [M]. 长沙：中南大学出版社，2006.

[12] 阿里巴巴网. http://club. 1688.com/article/1544862.html.

[13] 陈德智. 创业管理 [M]. 北京：清华大学出版社，2001.

[14] 应届毕业生网. http://chuangye. yjbys. com/zhidao/ruhechuangye/541496. html.

[15] 乔东. 企业职工文化理论与实践 [M]. 北京：中国工人出版社，2013.

[16] 张玉利. 创业管理 [M]. 北京：清华大学出版社，2006.

[17] 姜彦福，等. 创业管理学 [M]. 北京：清华大学出版社，2005.

[18] 丁栋虹. 创业管理 [M]. 北京：清华大学出版社，2006.

[19] 彭薇，王旭东. 就业概论 [M]. 北京：经济管理出版社，2002.

[20] 聂向山. 创新教育与创新素质 [M]. 成都：四川大学出版社，2001.

[21] 赵卿敏. 创新能力培养 [M]. 武汉：武汉出版社，2003.

[22] 陈敏. 创业指导 [M]. 杭州：浙江大学出版社，2004.

[23] 韩江水. 大学生创新能力培训教程 [M]. 北京：中国矿业大学出版社，2005.

[24] 余华东. 创新思维训练教程 [M]. 北京：人民邮电出版社，2004.

[25] 段继扬. 创造性教学通论 [M]. 长春：吉林人民出版社，1999.

[26] 李善山. 创新方法应用 [M]. 上海：上海交通大学出版社，2002.

[27] 王洪忠，陈学星. 创新能力培养 [M]. 青岛：中国海洋大学出版社，2008.

[28] 曹莲霞. 创新思维与创新技法新编 [M]. 北京：中国经济出版社，2010.

[29] 王惠连. 创新思维方法 [M]. 北京：高等教育出版社，2004.

[30] 张晓芒. 创新思维方法概论 [M]. 北京：中央编译出版社，2008.

[31] 迟维东. 逻辑方法与创新思维 [M]. 北京：中央编译出版社，2005.

[32] 余华东. 创新思维训练教程 [M]. 2 版. 北京：人民邮电出版社，2007.

[33] 孙洪敏，创新思维 [M]. 上海：上海科学技术文献出版社，2004.

[34] 刘浩天. 浅论大学生创新能力的影响因素及开发策略 [J]. 社科纵横（新理论版），2012（1）.

[35] 谢玉芯. 大学生创新能力培养与实验教学 [J]. 考试周刊，2013（48）.

[36] 缪莹莹，周成. 试论"项目实施"与大学生创新能力培养 [J]. 文教资料，2013（17）.

[37] 宋京美. 论大学生创新能力的培养 [J]. 教务教学论坛，2012（28）.

[38] 段倩倩，侯光明. 国内外创新方法研究综述 [J]. 科技进步与对策，2012（13）.

[39] 余上坊. 缺点列举法 [J]. 科学启蒙，2004（7）.

[40] 俞崇武. 渗透式组合创新法：抓住焦点闯四方 [J]. 华东科技，2012（5）.

[41] 何景浩. 逆向思维下的闹钟设计 [J]. 设计艺术研究，2012（3）.

[42] 肖湘. 缺点列举法的智慧泉眼 [J]. 发明与革新，1998（9）.

[43] 郜林涛. 发散思维与收敛思维探略 [J]. 山西煤炭管理干部学院学报，2012（2）.

[44] 何文波. 基于缺点列举法的产品设计 [J]. 河南科技大学学报（社会科学版），2006（2）.

[45] 刘彦平. 注意培养学生的发散思维能力 [J]. 当代教育论坛（教学研究），2011（9）.

［46］王方华，吕巍．战略管理［M］．2 版．北京：机械工业出版社，2012.

［47］彭剑锋．人力资源管理概论［M］．上海：复旦大学出版社，2003.

［48］劳埃德·拜厄斯，莱斯利·鲁．人力资源管理［M］．7 版．李业昆，译．北京：人民邮电出版社，2004.

［49］郑晓明．人力资源管理导论［M］．北京：机械工业出版社，2005.

［50］王惠忠．企业人力资源管理［M］．上海：上海财经大学出版社，2004.

［51］董克用，叶向峰．人力资源管理概论［M］．北京：中国人民大学出版社，2003.

［52］胡八一．人力资源规划实务［M］．北京：北京大学出版社，2008.

［53］中国就业培训技术指导中心．企业人力资源管理师（三级）［M］．北京：中国劳动社会保障出版社，2007.

［54］中国就业培训技术指导中心．企业人力资源管理师（二级）［M］．北京：中国劳动社会保障出版社，2007.

［55］莫寰，张延平，王满四．人力资源管理：原理技巧与应用［M］．北京：清华大学出版社，2007.

［56］于桂兰，苗宏惠．人力资源管理［M］．北京：清华大学出版社，2008.

［57］姚凯．企业薪酬系统设计与制定［M］．成都：四川人民出版社，2008.

［58］张文贤．人力资本［M］．成都：四川人民出版社，2008.

［59］王效俐，罗月领．情绪资本：人力资本的重要内容［J］．科学管理研究，2007（2）.

［60］付亚和，许玉林．绩效管理［M］．上海：复旦大学出版社，2008.

［61］胡君辰，宋源．绩效管理［M］．成都：四川人民出版社，2008.

［62］许湘岳，邓峰．创新创业教程［M］．北京：人民出版社，2011.